NUTZE DIE KRAFT DEINER Gefühle

Das einfache Ritual
für mehr Gelassenheit,
innere Freiheit und Lebensfreude

DIE GU-QUALITÄTS-GARANTIE

Wir möchten Ihnen mit den Informationen und Anregungen in diesem Buch das Leben erleichtern und Sie inspirieren, Neues auszuprobieren. Bei jedem unserer Produkte achten wir auf Aktualität und stellen höchste Ansprüche an Inhalt, Optik und Ausstattung. Alle Informationen werden von unseren Autoren und unserer Fachredaktion sorgfältig ausgewählt und mehrfach geprüft. Deshalb bieten wir Ihnen eine 100 %ige Qualitätsgarantie.

Darauf können Sie sich verlassen:
Wir legen Wert darauf, dass unsere Gesundheits- und Lebenshilfebücher ganzheitlichen Rat geben. Wir garantieren, dass:
- alle Übungen und Anleitungen in der Praxis geprüft und
- unsere Autoren echte Experten mit langjähriger Erfahrung sind.

Wir möchten für Sie immer besser werden:
Sollten wir mit diesem Buch Ihre Erwartungen nicht erfüllen, lassen Sie es uns bitte wissen! Nehmen Sie einfach Kontakt zu unserem Leserservice auf. Sie erhalten von uns kostenlos einen Ratgeber zum gleichen oder einem ähnlichen Thema. Die Kontaktdaten unseres Leserservice finden Sie am Ende dieses Buches.

GRÄFE UND UNZER VERLAG
Der erste Ratgeberverlag – seit 1722.

Wie halten Sie's mit Ihren Gefühlen?

Seite 7

Gefühle sind wie Gäste

Seite 17

Das Gästeritual

Seite 39

Die Landkarte entfalten

Seite 109

Die CD zum kleinen Coach finden Sie auf der hinteren Umschlaginnenseite.

NEUSTART
GRUNDLAGEN
RITUAL
BALANCE

Keine Angst vor Gefühlen

Es gab in meinem Leben eine längere Phase, in der ich von Gefühlszuständen durchgeschüttelt wurde, wie ich sie nie für möglich gehalten hatte. Meine beste Freundin war Opfer eines grausamen Verbrechens geworden, meine Kleinfamilie war zerbrochen und ich musste mich gegen einen Stalker wehren. Ich spürte nahezu gleichzeitig Wut, Hass, Todesangst, Verlassenheit, Einsamkeit, Verzweiflung, Scham und noch vieles mehr. Ich war hin- und hergerissen zwischen **Überhaupt-nichts-mehr-fühlen-Wollen** und dem Eindruck, dass ich unter all dem, was da über mich hereinbrach, über kurz oder lang selbst zusammenbrechen würde. Ablenken und Verdrängen half nichts mehr, zu massiv war die Situation. Ratgeber über Gefühle sprachen davon, dass diese nur »selbst geschaffen« seien – das klang für mich wie blanker Hohn. Andere rieten, **die Empfindungen einfach wahrzunehmen und anzunehmen.** Ich wollte aber nicht noch mehr wahrnehmen und erst recht nicht annehmen, was mich da an Scheußlichkeiten überrollte. Es war ja nicht mehr auszuhalten.
Ich war sehr unglücklich – so konnte es nicht weitergehen. Also machte ich mich systematisch auf die Suche nach einem Weg, **wieder glücklich, gelassen und lebendig zu werden,** komme von außen, was da wolle. Im Laufe vieler Jahre probierte ich verschiedene Methoden aus, hinterfragte,

analysierte, zweifelte, meditierte. Trotz einiger Rückschläge schöpfte ich immer mehr Hoffnung und gewann nach und nach mehr Klarheit. Allmählich zeichnete sich immer deutlicher ein Weg ab, **ein neuer Weg.** Einer, der mir ermöglichte, mit allem klarzukommen, mit dem Fühlen wie mit dem Nicht-Fühlen. Was ich herausfand, funktionierte immer mehr wie ein Navigationsgerät, das mir nicht nur den Weg durch die Gefühle zeigte, sondern auch den Weg zu dem, was jeweils hinter den Gefühlen steckte. Ich wurde lebensfroher, stabiler und gelassener. Ich begann, meine Methode in Coachings und Seminaren weiterzugeben, und beobachtete, wie sehr auch andere davon profitierten, und vor allem wie unkompliziert und in welch kurzer Zeit! Panikattacken und Ängste verschwanden; Menschen, die kurz vor dem Burnout standen, fanden wieder zu ihrer Kraft; **Verbitterung wandelte sich in Versöhnung, Verzweiflung in Frieden.** Dabei musste weder stundenlang geredet noch geschrieen oder regungslos stillgesessen werden, nein, es genügte ein einfaches Ritual, das immer wieder in den Alltag eingebaut werden kann. Irgendwann wurde es einfach der nächste logische Schritt, darüber ein Buch zu schreiben. Ich wollte das Geschenk, das ich da entdeckt hatte, mit möglichst vielen Menschen teilen.

Ganz gleich, ob Sie sich einfach **mehr Gelassenheit** wünschen oder an bestimmten Gefühlszuständen leiden – ich möchte Sie einladen, mit mir diesen leichten, aber zugleich spannenden Weg zu gehen, der Sie nach und nach **zu Ihrer Mitte führen wird** – in einen immer tieferen Zustand von Frieden, Kraft, Gelassenheit und Freude.

Ihre Lucia Scholz

Wie halten Sie's mit Ihren Gefühlen?

Wie gehen Sie mit Ihren Gefühlen um? Strategien hierfür gibt es viele, wir haben sie von Kindesbeinen an gelernt und verinnerlicht. Aber wahrscheinlich ahnen Sie bereits, **dass es hier einiges zu verbessern gibt,** und wünschen sich, dass das Ganze zumindest leichter sein könnte. Nun: eine Anleitung zum Loswerden von Gefühlen enthält dieses Buch ebenso wenig wie Techniken zur Veränderung Ihrer Umgebung oder Ihrer Mitmenschen. Sie werden dagegen lernen, mit sich selbst und Ihren Gefühlen auf eine neue Weise umzugehen. **Das wird Sie selbst in positiver Weise verändern** – und dadurch wird sich automatisch Ihr Leben verändern. Auch die Umstände und Personen um Sie herum werden sich dabei wandeln. Wenn wir neue Strategien erlernen möchten, ist es hilfreich, sich zunächst die bisherigen klarzumachen. Auf den folgenden Seiten finden Sie Anregungen, um für sich zu klären, welche Ihre bisherigen Muster im Umgang mit Gefühlen sind.

Die emotionale Landkarte

Wir beginnen, wenn Sie möchten, gleich ganz praktisch. Werfen Sie doch mal einen Blick auf die »Landkarte« auf der Umschlaginnenseite vorn im Buch. Sie finden dort Begriffe zu verschiedenen Gefühlen und Zuständen angeordnet. Erkennen Sie alte Bekannte?

Empfindungen, die Sie gut kennen? Und andere, die Sie gern öfter erfahren würden?

Ihr individuelles Muster

Diese erste kleine Übung im Kasten kann Ihnen viel über sich verraten. Es ist natürlich nicht schwer zu erraten, dass Ihre Zielgefühle vor allem innen in der Mitte des Bildes zu finden sind.

Übung: Was kennen, was wünschen Sie?

Kopieren Sie sich die Seite mit der »Landkarte der Gefühle« oder legen Sie ein Pauspapier darüber und schraffieren Sie mit einem Stift den Bereich um Worte, von denen Sie spüren, dass sie etwas mit Ihnen zu tun haben. Schraffieren Sie stärker bei Gefühlen, die Sie oft oder intensiv haben, und schwächer bei solchen, die Sie weniger oft oder stark erfahren. Vielleicht fallen Ihnen noch andere oder treffendere Bezeichnungen für Gefühle ein, die Sie beschäftigen. Vielleicht das Glück, Kinder zu haben, oder die Angst, in finanzielle Not zu geraten. Schreiben Sie Ihre eigenen Bezeichnungen in die Karte.

Gibt es auch Gefühle, die Sie gern oder gern öfters hätten, die zu erleben Sie sich für die Zukunft wünschen – eine Art Zielgefühle? Wählen Sie eine andere Farbe und markieren Sie auch Ihre Gefühls-Ziele.

Aber was ist mit den gegenwärtig gelebten Begriffen? Sind die Schraffierungen da auch ganz innen? Oder nur tendenziell innen oder außen oder in einem bestimmten Bereich der Karte?

Es soll hier ganz bewusst auf eine »Testauswertung« oder »Typeneinteilung« verzichtet werden. Denn Sie sollten sich immer wieder vergegenwärtigen, dass Sie ein Individuum mit einer ganz eigenen Gefühlswelt sind.

Im Laufe dieses Buchs werden Sie sich und Ihre Gefühlswelt individuell erforschen, aber auch bestimmte Gesetzmäßigkeiten erfahren, die bei allen Menschen ähnlich funktionieren. So lassen sich Zusammenhänge zwischen den

> *Je schmerzhafter ein Gefühl ist, desto näher liegt die Lösung.*

Situationen, in denen Sie stecken, den Gefühlen, die Sie haben, und den Beziehungen, die Sie führen, besser verstehen. Ein erstaunliches Phänomen soll hier gleich erwähnt werden: das der Strandgefühle.

Strandgefühle

Nein, damit ist nicht dieses wohlige Gefühl gemeint, wenn Sie sich nach einem Bad in den Wellen auf Ihrem Handtuch im Sand rekeln. Aber es wurde nicht zufällig ein so positiv besetzter Begriff gewählt. Strandgefühle sind die Gefühle, die nicht in der Mitte der blumenähnlichen Landschaft liegen, aber bereits weit innen, kurz vor dem kanalähnlichen Ring. Strandgefühle sind also Zustände wie Verletztheit, Scham oder Traurigkeit.

Nun gleich eine frohe Botschaft: Je weiter innen die von Ihnen markierten Wörter liegen, desto näher sind Sie bereits dem Ziel. Sie sind praktisch schon am Strand angelangt und nicht mehr weit von der rettenden Insel weg. Welches Ziel, welche Insel? Das Ziel sind Sie selbst – Ihre Mitte. Sie ist der Ort, an dem Ihre Gelassenheit und Ihre Kraft warten, Mut, Glück, Liebe und all diese schönen Zustände. Je näher wir bei uns selbst sind, desto schmerzhafter, ja manchmal unerträglicher fühlen sich die Gefühle allerdings an. Kurz vor dem Ziel, vor der eigenen Mitte, herrscht noch einmal richtig Verzweiflung. Da hilft es, zu wissen, dass man der Lösung nahe ist! Nun – es ist schon eine kesse Behauptung, zu sagen, jemand, der richtig leidet, sei nahe am Ziel, nicht wahr? In meinen Seminaren ernte ich dafür meist Unverständnis – um einige Wochen oder Monate später von denselben Teilnehmern zu hören: »Jetzt weiß ich, was du meinst. Es stimmt! Ich war so verzweifelt – und dann kam der Durchbruch.« Dieses Phänomen lässt sich nicht mit dem Verstand begreifen. Doch wenn Sie in die Übungen der Gefühle-sind-wie-Gäste-Methode eingestiegen sind und die Erfahrung von »Mitte« immer wieder gemacht haben, wird es klarer, warum Sie mit so einem »Strandgefühl« nahe an der Lösung sind.

Projektionen auf die anderen

Weiter außen, dort wo wir die Gefühle vor allem auf die anderen projizieren, wo wir eifersüchtig, wütend, ärgerlich oder neidisch auf die anderen sind, ist der Schmerz nicht so groß, der Weg nach innen aber noch ein Stückchen weiter. Ganz außen, wo die Gefühle sich schon in Verhaltensmuster oder Krankheiten gewandelt haben, ist der Weg nach innen noch weiter. Das macht aber nichts. Jeder geht ihn auf seine Weise, in seinem Tempo. Hauptsache, Sie machen sich auf den Weg.

Beliebte Strategien im Umgang mit Gefühlen

Schauen wir uns nun an, wie üblicherweise mit Gefühlen umgegangen wird. Im Folgenden sollen einige »Prototypen« zu Wort kommen, mit denen Sie sich weder identifizieren noch vergleichen müssen. Lesen Sie einfach und lassen Sie die Texte auf sich wirken. Spüren Sie, ob Sie bestimmte Sätze ansprechen und etwas in Ihnen anstoßen. Spüren Sie auch, was das ist, das da in Ihnen angestoßen oder angesprochen wird.

Himmelhochjauchzend …

»Ja, ich weiß gut, was Gefühle sind. Immer fühle ich so viel. Sogar für die anderen. Ich weiß immer genau, wie die anderen drauf sind. Und meine eigenen Gefühle sind so richtig heftig. Das ist super, wenn ich verliebt bin. Ich kann aber auch richtig miese Gefühle haben. Die kümmern aber die anderen meistens nicht. Die verstehen gar nicht, wie ich fühle, und erst recht nicht, wie intensiv. Ich könnte ewig heulen, wenn ich verletzt bin, und das kommt gar nicht selten vor. Oft komm ich gar nicht mehr richtig raus aus diesem Gefühlesumpf.

Manchmal hätte ich das am liebsten los, diese blöde Traurigkeit zum Beispiel. Wenn ich aufhören könnte zu fühlen und so gefühllos werden könnte wie die anderen, dann wäre ich auch so cool und unverletzlich. Aber irgendwie bin ich ja auch stolz darauf, dass ich außergewöhnlich sensibel bin.«

Zusammenreißen – bis zum nächsten Ausbruch

»Also eigentlich finde ich, man muss sich auch zusammenreißen können. Ist doch unmöglich, wenn man seine Launen so einfach rauslässt, man muss doch sein Hirn einschalten, bevor man den Mund aufmacht. Ich finde, mir gelingt das meistens auch ganz gut. Wenn mich was ärgert, kann ich das für mich behalten … Es gibt da nur so ein paar Personen in meinem Leben, also die können mich sowas von provozieren. Irgendwann ist halt der Tropfen da, der das Fass zum Überlaufen bringt. Dann flipp' ich völlig aus. Da kenn' ich mich gar nicht mehr. Das liegt schon auch an denen, die müssten halt auch mal darüber nachdenken, warum sie mich immer so provozieren. Aber ich wünsch mir schon auch, gelassener zu bleiben. Vielleicht muss ich mich einfach noch mehr in den Griff kriegen.«

Einfach rauslassen

»Gefühle? Klar kenn' ich mich damit aus. Ich bin sehr gefühlvoll, ich kann auch sehr leidenschaftlich sein. Und wenn mir jemand blöd kommt, dann kann ich das auch ausdrücken. Runterschlucken bringt nichts. Manchmal muss man laut werden, sonst wird man untergebuttert. Der andere soll ruhig wissen, wie's mir geht. Und wenn er mich verletzt hat, dann soll er auch eine Szene bekommen! Dann ist es mein Recht, herumzuschreien, und wenn ich in Fahrt bin, kann schon mal ein Teller an die Wand fliegen. Das ist nun mal die Folge, wenn man mich schlecht behandelt. So bin ich eben.«

Haltung ist alles

»Was ich überhaupt nicht verstehe, ist, wenn Leute so schnell emotional werden. Ich finde das ziemlich egoistisch, wenn die ihre Emotionen auf den anderen abladen. Ich gehe dann einfach raus, ich halte das nicht aus. Ich bin für Harmonie und Frieden. Als vernünftiger Mensch muss man doch Haltung bewahren können. Und wenn jeder seine Bedürfnisse einfach ausleben würde, wo kämen wir denn da hin? Ich reiße mich auch oft zusammen und habe schon auf viel verzichtet. Das Leben ist eben kein Honigschlecken. Meine Familie wirft mir oft vor, ich sei kalt und unnahbar. Ich verstehe das nicht, nein, ich tue doch wirklich alles für sie.«

Alles wird hinuntergeschluckt

»Ich beneide die Leute, die einfach sagen können, was Sache ist. Ich trau mich das nicht. Ich hab oft 'ne Riesenwut, wenn man mich übergeht. Aber ich bin einfach der Typ, mit dem man es machen kann, und

Ignorieren in Perfektion

Sicher nicht Ihre Strategie – aber auch das gibt es: Vor einigen Jahren teilte ich als Richterin den Anwesenden zum Auftakt der Verhandlungen mit, dass ich großes Verständnis dafür hätte, dass dieser schwierige Prozess im Vorfeld in den Schriftsätzen sehr emotional geführt worden sei. Ich wollte so die Stimmung etwas versöhnlicher gestalten. Zu meinem Erstaunen fiel die Reaktion eines der beiden Anwälte jedoch ganz anders aus. Mit vor Erregung zitternder Stimme stieß er hervor: »Emotional? Ich und emotional?« Den nächsten Satz unterstrich er, indem er bei jeder Silbe mit der Faust auf den Tisch schlug und beinahe schrie: »Ich bin nicht emotional! Ich bin ü-ber-haupt nicht e-mo-tio-nal!«

das nutzen viele aus. Richtig fies sind die manchmal zu mir. Aber sie sind halt stärker. Lieber halt ich meinen Mund und fress alles in mich rein, bevor ich noch mehr auf die Mütze krieg. Leider futter ich essensmäßig auch allerhand in mich rein und hab ordentlich Übergewicht. Aber ich bin halt so, ich kann da nichts dran ändern.«

Das Thema anderen überlassen

»Was soll der ganze Quatsch mit den Gefühlen? Mir geht's mal gut, mal schlecht, fertig. Was soll man sich damit großartig beschäftigen, diese Gefühlsduselei ist doch nur was für Frauen und Frauenversteher. Vernünftig denken, Probleme lösen, das ist es, was zählt. Wenn mir jemand mit so einer Psychotour kommt, dem sag ich gleich, wie bescheuert ich das finde. Manche sind dann eingeschnappt, aber was soll's? In Wirklichkeit brauchen solche Leute es einfach mal, dass ihnen jemand klipp und klar sagt, was Sache ist.«

Ein neuer Weg zur emotionalen Balance

Wie kann man denn nun besser klarkommen mit den Gefühlen? Wozu sind Gefühle überhaupt da, ja – was sind sie eigentlich? Und: Warum ist es gerade jetzt wichtig, sich mit ihnen zu beschäftigen? Auf all diese Fragen möchte ich Ihnen in diesem Buch gern Antworten geben. Meine Methode ist zum einen eine Art Navigationsgerät, in dessen Zielfeld man »Ausgeglichenheit« eingeben könnte und mit dem man einen Weg durch die emotionalen Stürme oder Nebelschwaden finden kann.

Zum anderen wirkt sie wie ein Gefühlstransformator: Indem entdeckt wird, was hinter plötzlichen, heftigen oder andauernden, quälenden Gefühlen steckt, können diese sich auflösen. Vieles wird sich positiv verändern, wenn Sie lernen, Ihre Gefühle anzunehmen und zu transformieren.

Zufriedenheit

Gefühle weisen oft auf Bedürfnisse hin. Gelingt es Ihnen, diese Hinweise zu entschlüsseln, werden Sie klarer erkennen, was Sie brauchen und wie Sie es bekommen können. Sie werden weniger auf Ersatzbefriedigungen wie beispielsweise Süchte ausweichen müssen. Sie werden zufriedener, ausgeglichener sein und sich kraftvoller fühlen.

Klarheit

Sie werden allmählich auch die übrigen Gefühle »sortieren«, die Sie nicht nur auf Bedürfnisse, sondern auch auf mögliche Gefahren und schlechte Einflüsse hinweisen. Sie erkennen Ihre Neigungen klarer und gehen dazu über, Ihren Lebensweg selbstbestimmter zu wählen. Gefühl und Verstand werden immer besser zusammenarbeiten, statt gegeneinander. Dieses Gegeneinander kennen Sie zum Beispiel von Diäten. Der Verstand möchte gern wenig essen. Das Bedürfnis, das als Heißhunger daherkommt – aber auch ein verkleidetes Trost-Bedürfnis sein kann – hält dagegen. Arbeiten Gefühl und Verstand hingegen als Team zusammen, werden sich Lösungen für Ihre Lebensthemen finden, die auf allen Ebenen für Sie stimmig sind. Auch dies führt zu Zufriedenheit, zu dauerhafterem Glück und mehr Selbstbestimmung.

Gelassenheit

Dadurch, dass Sie Ihre schlechten Gefühle annehmen lernen, statt sie zu unterdrücken, nehmen Sie logischerweise Druck aus Ihrem System. Sie hören auf, seelische Kraft ins Wegdrücken zu investieren. Die Gefühle können fließen, statt Sie zu beherrschen und zu blockieren. Als Folge davon werden Sie freier und gelassener.

Alte Muster überwinden

Immer mehr werden Sie sich und Ihre Innenwelt kennenlernen. Sie lernen, veraltete Muster und Glaubenssätze zu entlarven. Dadurch erlangen Sie die Fähigkeit, sich von ihnen zu lösen, und produzieren automatisch gesündere Verhaltensweisen. Das Erkennen und Verstehen innerer Vorgänge wird inneren Frieden mit sich bringen.

Und die Gefühle werden es nicht mehr nötig haben, sich beispielsweise in Form von Krankheiten zu zeigen – ein direkter Gesundheitsgewinn kommt also zu all den Vorteilen noch hinzu.

Verbesserte Beziehungen

Mit zunehmendem Verständnis für Ihre eigenen Gefühle wird sich automatisch das Verständnis für die Gefühle und inneren Muster Ihrer Mitmenschen vergrößern. Sie werden einfühlsamer – was nicht bedeutet, dass Sie in jedem Fall nachgiebiger oder weicher werden! Sie werden dadurch Ihre sämtlichen Beziehungen auf ein friedvolleres, konstruktiveres Niveau anheben können. Alles in allem werden Sie Ihre eingangs anvisierten Zielgefühle erreichen.

Gefühle sind wie Gäste

Wie geht man richtig mit Gefühlen um? Herunterschlucken macht krank, Herausschreien unbeliebt, gar nichts »dagegen« zu tun scheint uns zur Verzweiflung zu bringen. Welche Alternative bleibt uns? Manch angeblicher Gegner hat sich zu einem Komplizen entwickelt, wenn man anfing, ihn zu verstehen und seine Bedürfnisse zu hinterfragen. Könnte das mit den ungeliebten Gefühlen auch so funktionieren? Wollen uns all die unangenehmen Gefühle am Ende gar nichts Böses, son dern **können sie uns vielleicht sogar weiterhelfen, wenn wir ihnen geben, was sie brauchen?** Was könnte das sein – vielleicht genügt schon etwas mehr Aufmerksamkeit? Was ist das überhaupt, so ein Gefühl? Lassen Sie uns diese Fragen klären und dabei zu einem neuen Umgang mit Gefühlen kommen.

Gefühle sind wie Gäste – diese Vorstellung klingt gewöhnungsbedürftig, entfaltet aber eine enorme Wirkung in unserem Unterbewusstsein. Und dieses ist eine der mächtigsten Kräfte in uns.

Ihre Zeit ist da!

Während sich viele Menschen bereits auf die Suche nach ihrem Selbst – und dazu gehören auch die Gefühle – begeben haben, wird in weiten Teilen unserer Gesellschaft die Beschäftigung damit immer noch als Spleen oder Schwäche angesehen. Die meisten von uns wurden nicht dazu erzogen, Gefühle zu beachten oder zu äußern, sondern sie unter Kontrolle zu halten. Warum diese Diskrepanz?

Früher war kein Platz

Vor gar nicht allzu langer Zeit machte es durchaus noch Sinn, Gefühle zu unterdrücken. In Kriegs- und frühen Nachkriegszeiten war dies oft schlicht überlebensnotwendig. Die Bevölkerung erlitt in weiten Teilen massive Traumata durch Verletzungen, Verlust von Angehörigen und Heimat, Bombenangriffen, Vergewaltigungen. Hätte man sich mit den dadurch ausgelösten Gefühlen beschäftigt, wäre es vielleicht nicht mehr möglich gewesen, die materielle Existenzgrundlage zu sichern. Alle Kraft musste aufgewandt werden, um Lebensmittel zu beschaffen, Verletzte zu pflegen, Häuser wieder aufzubauen. Es ist nur verständlich, dass unsere Eltern und Großeltern Gefühle verdrängten.

Die Gefühle melden sich jetzt

Den nachfolgenden Generationen jedoch zeigen sich auch die verdrängten Themen wieder. Wir sind materiell versorgt. Die Gefühle scheinen genau zu wissen, dass es jetzt möglich ist, beachtet zu werden, und melden sich daher zurück. Kein Wunder, dass uns Emotionen oft beinahe erschlagen. Die meisten von uns haben aber noch auf die alte Art und Weise gelernt, mit Gefühlen umzugehen: Zuallererst werden sie bewertet, in »positiv« und »negativ« unterteilt. Wie Aschenputtels Tauben sortieren wir die Guten ins Töpfchen, die Schlechten ins Kröpfchen.

Ins Töpfchen kommen also vor allem die »gesellschaftsfähigen« Gefühle: Ehrgeiz und Leistungsbereitschaft, gute Laune, Genussfreude, Durchsetzungswille (für den Mann), Harmoniestreben (für die Frau) und so weiter. Traurigkeit, Ärger, Frust, Erschöpfung, Eifersucht und vor allem Ängste aller Art sowie Wut kommen dagegen im wahrsten Sinn des Wortes ins »Kröpfchen«: Sie werden nach Möglichkeit hinuntergeschluckt. Schließlich handelt man sich mit den »schlechten« Gefühlen, so man sie äußert, meist gleich noch mehr schlechte dazu ein: Man fühlt sich abgelehnt, bestraft, isoliert, bemitleidet … Und so ist es kein Wunder, dass unsere bisherigen Strategien zu einem guten Teil darauf abzielten, negative Gefühle einfach loszuwerden – ohne dauerhaften Erfolg, wenn wir ehrlich sind.

Wozu sind Gefühle da?

Haben Sie sich das schon gefragt? Zunächst die Gegenfrage: Möchten Sie denn keine haben? Gar keine? Na ja, sagen Sie vielleicht, die angenehmen sind in Ordnung, aber die unangenehmen könnte man bitteschön weglassen!

Gefühle sichern unser Überleben

Gut. Dann erschaffen wir in Gedanken mal ein Wesen, das nur schöne Gefühle wie Liebe, Glück und Frieden kennt. So etwas gibt es sogar schon, das nennt man

»Endlich erkannte ich, dass mein ständiges Gefühl der Beklemmung nichts anderes darstellte als ungeweinte Tränen.« Laura, 43 Jahre

Engel, oder? Wir stellen uns jetzt aber auch vor, dass so ein Wesen in einem menschlichen Körper auf der Erde landet. Welche Überlebenschancen räumen Sie ihm ein? Es wird keinen Hunger verspüren – warum sollte es essen? Es wird sich nicht um seine Zukunft sorgen – warum sollte es Geld verdienen? Es wird keine Angst vor Schmerzen haben – warum sollte es nach links und rechts blicken, bevor es über die Straße geht?

Der Verdacht liegt also nahe, dass viele Gefühle damit zu tun haben, unser Überleben zu sichern: Hunger, Durst, Sorge um die Zukunft, Angst vor Schmerzen, Temperaturempfinden. Auch der Sexualtrieb sichert die Erhaltung unserer Spezies. Das alles reicht dem Menschen aber nicht, denn er ist bekanntlich ein soziales Wesen. Er lebt also mit anderen zusammen, und zwar in bestimmten Strukturen, die von biologischen Gegebenheiten, aber auch von kulturellen Parametern bestimmt sind. Diese Strukturen können sich nur halten, wenn der Mensch bestimmte Regeln etablieren und nach diesen leben kann. Er muss Zugehörigkeit empfinden können, aber auch durch Ablehnung erkennen, wozu er nicht gehört, was ihm nicht entspricht. Er muss sich binden können, wozu Zuneigung gehört, die aber im Fall des »Misserfolgs« logischerweise Trennungsschmerz, Trauer, Eifersucht und so weiter hervorruft.

So weit, so gut, sagen Sie vielleicht – nur: Warum ist die Welt aber so geschaffen, dass Leben und Beziehungen auch bedroht werden können, sodass negative Gefühle entstehen? Was ist der Sinn der Existenz von Gut und Böse? Solche Fragen nach dem Sinn von großen Schmerzen, Krisen und Leiden führen unweigerlich zu tieferen und damit philosophischen, religiösen und spirituellen Themen. Auch solchen Themen werden wir uns in diesem Buch daher in gewisser Weise nähern.

Krisen als Wegbereiter

Viele spirituelle Traditionen sehen das Durchschreiten großen Leids als einen Weg zu größerer spiritueller Weisheit an. Dieses Prinzip findet sich im Leben großer spiritueller Führer (wie im Kreuzweg Jesu) ebenso wie in der Tradition der oft entbehrungsreichen Pilgerwege. Solche Wege, ob groß oder klein, sollen jeweils zu Zuständen von Frieden und Transzendenz führen. Sind Leiden und schmerzhafte Wege also Mittel zur Erleuchtung? Nun: Wer Erfahrungsberichte oder Biografien von Menschen liest, denen Schlimmes widerfahren ist, der kann oft beobachten, dass diese Krisen die Menschen zu großer Reife, einem tiefen Glauben an Gott und/oder die Unzerstörbarkeit ihrer Seele oder zu beinahe übermenschlicher Nächstenliebe führte. Viele beschreiben solch eine Erfahrung auch als Katharsis, als innere Reinigung. Interessanterweise stellen meine Kursteilnehmer regelmäßig fest, dass die Gefühle-sind-wie-Gäste-Methode wie eine Mini-Katharsis funktioniert: Nach dem Ritual mit besonders schmerzhaften Gefühlen stellt sich regelmäßig ein tiefer Zustand von Ruhe, Frieden und Liebe ein.

Was sind Gefühle genau?

Es gibt eine Unzahl von Kategorisierungen, Unterscheidungen und Schubladen für Gefühle. Ein roter Faden? Kaum auszumachen. Manche Psychologen definieren Emotionen als (physische oder psychische) Veränderungen unseres Zustandes, Gefühle dagegen als deren Interpretation. Viele spirituelle Richtungen sehen dies dagegen genau umgekehrt: Das Gefühl sei das, was wahrgenommen wird, das »Wahre«, die Emotion dagegen sei die Interpretation.

In anderen Abhandlungen finden sich Unterscheidungen nach Lust- oder Unlustcharakter, Erregung oder Beruhigung, Spannung oder Lösung. Wieder andere unterscheiden nach Angenehm- oder Unangenehmsein, daneben gibt es noch »Affekte«, »Stimmungen« und so weiter und so fort. Ebenso werden Bedürfnisse (Hunger, Durst, soziale Zugehörigkeit und so weiter) je nach Denkgerüst mal als Gefühl, mal als Emotion, mal als eine eigene Kategorie bezeichnet. Vielen Theorien zufolge sollen Gefühle jedenfalls vor allem »Bewertungsreaktionen auf Ereignisse« sein.

Alltagstaugliche Definitionen

Das mag alles seine Logik haben, doch was nützt es uns, wenn wir in einem Gefühl feststecken? All diesen Theorien wie auch der landläufigen Auffassung ist gemeinsam, dass Gefühle und Co. bewertet und kategorisiert werden. Irgendwas ist immer gut oder schlecht oder besser oder schlechter. Damit laufen wir aber in die Falle: Denn das »Schlechte« will man möglichst schnell loswerden – und das funktioniert aber nicht.

Wenn Sie mit diesem Buch sinnvoll arbeiten möchten, dann vergessen Sie erst einmal alles, was Sie je über Definitionen oder Einteilungen von Gefühlen gelernt haben. Öffnen Sie sich vielmehr dafür, dass unter »Gefühl« oder auch »Emotion« viel mehr verstanden werden kann, als Sie je gedacht hatten. Überzeugen Sie sich davon, wie nützlich eine solche Öffnung sein kann, um mit all Ihren Gefühlen auf eine gute Weise umzugehen.

»Gefühl« ist im hier genutzten Sinne alles, was Sie in oder an sich wahrnehmen: Gefühle, Emotionen, Stimmungen und Affekte, aber auch Bedürfnisse aller Art sowie körperliche Empfindungen wie Schmerz oder Verspannungen. Denn an allen diesen Dingen kann man mit der Gefühle-sind-wie-Gäste-Methode, Kern dieses Buches, wirkungsvoll arbeiten.

E-Motion: Etwas möchte aus Ihnen heraus

Sehr hilfreich ist es, einen genauen Blick auf die Sprache zu werfen. Schauen wir uns das Wort »Emotion« genauer an. Emotion ist einfach ein Wort, das in vielen Sprachen so oder ähnlich für »Gefühl« verwendet wird. Es kommt aus dem Lateinischen und beinhaltet zwei Wörter: »E« oder »Ex«, was so viel bedeutet wie »heraus«, und »movere«, das »bewegen« bedeutet. Ein Gefühl ist also etwas in Ihnen, das sich herausbewegen möchte, Ihnen also einen Bewegungs- oder Handlungsimpuls gibt. Daher die oftmals so große Intensität.

Ein solcher Impuls kann eine körperliche Empfindung sein wie Hunger. Die dazu gehörige Bewegung führt meist in Richtung Küche, Supermarkt oder Restaurant. Es kann aber auch ein Gefühl wie Angst sein, das uns davonlaufen lässt. Wut vermittelt den Impuls, laut zu werden; Scham, uns zurückzuziehen.

Oftmals ist der Handlungsimpuls aber gar nicht mehr ersichtlich. Das kommt einfach daher, dass wir viele Gefühle verdrängen und unterdrücken oder im Kopf umbewerten. Dann aber verbleibt oft nur ein nebulöser, irgendwie dumpfer Grundzustand.

Gefühle gehören nicht in Schubladen

Wer zu sehr kategorisiert, denkt sehr rational über seine Gefühle nach. Das Nachdenken darüber, wie man fühlt, kann das Fühlen aber völlig blockieren. Man ist dann nur im Kopf und spürt nicht, was »im Bauch« passiert. Die meisten Denk-Schubladen führen außerdem zu einer Bewertung der Gefühle: gut – schlecht. Auch dieses Bewerten kann den Gefühlsfluss einschränken.

Sein: mehr Zustand als Gefühl

Wenn ein Gefühl tatsächlich – das heißt, ohne dass etwas verdrängt oder unterdrückt wurde – gar keinen Impuls mehr vermittelt, dann bezeichne ich es lieber als »Zustand« und nicht als Gefühl. Frieden, Ruhe, Akzeptanz, Geborgenheit können solche Zustände sein. Doch dazu später mehr.

Am Beispiel »Hunger« wurde nochmals deutlich, dass ich auch Bedürfnisse als Gefühle ansehe, eben weil man mit ihnen auf dieselbe Weise wie mit anderen Gefühlen arbeiten kann. Natürlich ist Hunger nicht das gleiche wie Trauer oder Wut, aber die Art, mit der hier vorgestellten Methode damit umzugehen, ist die gleiche.

Gefühle sind individuell

Angst ist nicht gleich Angst, aber auch Höhenangst, Prüfungsangst und so weiter werden von jedem individuell sehr unterschiedlich erlebt. Diese Feinheiten zu erkennen, wird im Lauf der Arbeit mit diesem Buch wichtig für Sie sein. Es geht dabei nicht darum, dass Sie lernen, wie Sie »zu fühlen haben«, wie »man« fühlt. Nein: Es geht darum zu entdecken, wie Sie fühlen. Ganz individuell.

Gefühle nehmen meist keine scharfen, genau beschreibbaren Konturen an. Stellen Sie sich das Ganze eher vor wie Farben: Jeder weiß zum Beispiel, was »Rot« ist. Sehen Sie jedoch auf einem Ausflug eine rote Blume, können Sie sie abends jemand anderem nicht so exakt beschreiben, dass er sich genau dieselbe Farbe darunter vorstellt. Man kann sich sicherlich annähern und von »karmesinrot«, »feuerrot« oder »ein bisschen gelblicher als Mohnblumen« sprechen. Den ganz genauen Ton können Sie sprachlich jedoch nicht ausdrücken. Und genau wie diese Farbe haben Sie Ihre ganz eigene und unverwechselbare Art, Wut, Angst oder Eifersucht zu spüren. Sie haben Ihren eigenen »Wutton« oder »Angstton«. Und auch dieser kann jeden Tag in einer anderen Nuance schimmern. Nie wird also das, was Sie von anderen über Angst hören, zu 100 Prozent auf Sie zutreffen.

Fühlen Sie sich daher ermuntert, als ersten Schritt Ihr eigenes Gefühlsbild immer genauer wahrzunehmen. Je genauer Sie Ihre Grund- und Zwischentöne kennenlernen, desto besser wird es Ihnen gelingen, mit diesen umzugehen. Helfen wird Ihnen dabei ein bestimmtes »Ritual«, das Sie gleich noch kennenlernen werden.

Empfindung statt Interpretation

Ihre Gefühle sind also ganz Ihr Eigenes, in das Sie sich von niemandem hineinreden lassen müssen. Niemand hat Ihnen zu sagen, wie Sie fühlen oder fühlen sollen! Bei Sätzen wie »Das ist doch kein Grund, traurig zu sein« dürfen Sie getrost auf Durchzug schalten. Hüten Sie sich von vornherein vor Interpretationen und Urteilen – und zwar gegenüber anderen ebenso wie sich selbst gegenüber.

Oft weichen wir unseren Gefühlen nämlich aus, wenn wir vorgeben zu fühlen, in Wirklichkeit aber über andere urteilen. Dann heißt es zum Beispiel: »Ich habe das Gefühl, er ist gar nicht in der Lage, zu verstehen, was ich sage.« Es ist ein gut eingeübtes Muster unserer Zeit, für Gefühle und Handlungen stets einen Verantwortlichen oder sogar Schuldigen zu suchen. »Wenn du mich so provozierst, brauchst du dich nicht zu wundern, wenn ich ausraste!« Hilfreich zum Lösen von Konflikten ist das nicht gerade.

Bei sich bleiben – ohne Wertung

Aber auch wenn wir gelernt haben, die Schuld oder besser die Ursache oder den Auslöser zunächst bei uns zu suchen, landen wir oft in der Schuld- und Interpretationsfalle. Schon ein »Ich habe das Gefühl, ich bin einfach zu blöd«, zeigt das an. Das Muster, zu interpretieren, statt zu fühlen, kann so weit gehen, dass wir unsere Empfindungen interpretieren. Und dann können wir sogar

Nicht-Gefühle und ihr Sprachmuster

An folgenden Formulierungen können Sie erkennen, dass es sich nicht um ein Gefühl handelt:

* »Ich habe das Gefühl, dass …«: »Ich habe das Gefühl, dass er mich nicht mag.«
* »Ich habe das Gefühl, er/sie/es/ich …«: »Ich habe das Gefühl, sie manipuliert mich«, »Ich habe das Gefühl, ich kann das nicht«, »Ich habe das Gefühl, ich bin ihm nicht wichtig.«
* »Ich denke, …«: »Ich denke, ich bin glücklich.«

All diese Gedanken sind in Wahrheit keine Gefühle, sondern eben Gedanken – Interpretationen, Ideen, Wertungen.

Herzrasen als Angst ansehen, obwohl wir einfach zu viel Kaffee getrunken haben. Erst recht befinden wir uns mitten in der Interpretation, wenn wir über Gefühle nachdenken, statt sie zu fühlen. Noch bevor Sie üben, Ihre Gefühle deutlicher zu erkennen, können Sie einige Nicht-Gefühle bereits sprachlich als solche entlarven, wie der Kasten zeigt.

Manchmal führt schon das Erkennen des Sprachmusters dazu, das »echte« Gefühl zu entdecken: Wenn Sie den Satz »Ich habe das Gefühl, dass er mich nicht mag« hinterfragen, wird Ihnen vielleicht klar: »Ich fühle mich einsam« oder: »Ich bin verunsichert, weil er mit meiner Kollegin viel öfter spricht als mit mir.« Manchmal ist es aber sehr schwer herauszufinden, welches Gefühl hinter einer Interpretation steckt. Aber genau dabei werden Ihnen die weiteren Übungen dieses Buches helfen. Bleiben Sie einfach dran und tasten Sie sich Schritt für Schritt voran. Sie werden staunen, wie schnell Sie Ihre Gefühle in neuer Klarheit erleben.

Unterdrücken? Achtung, Staugefahr!

Viele von uns unterdrücken ihre Gefühle. Sie glauben, es gehöre sich einfach nicht, dies oder jenes zu fühlen. An die Unterdrückung hat man sich so gewöhnt, dass das Gefühl von vornherein nicht mehr wahrgenommen wird.

Wut gehört zu den besonders stark geächteten Gefühlen. Es gibt viele Menschen, die behaupten, niemals wütend zu sein. »Wer schreit, hat unrecht«, glauben sie. Der Wütende wird verachtet und gemieden. Wer sich andererseits verletzt zeigt, wird oft als wehleidig und schwach abgestempelt. Kein Wunder, dass man solche Gefühle am liebsten in die hinterletzte Ecke seines Unterbewusstseins verdrängen möchte. Aber kann so etwas für immer gelingen? Dagegen spricht einiges. Zunächst ist es allerdings wichtig, sich klarzumachen, was hinter dem Verdrängungsmechanismus steckt. Meist geschieht Verdrängung nämlich aus einer Lebensnotwendigkeit heraus. Situationen können für den Einzelnen so überfordernd sein, dass er nicht in der Lage ist, alles, was da geschieht, zu verarbeiten. Damit sich sein Denk- und Fühlsystem aber nicht wie ein Computer »aufhängt« und nur noch »over-flow« meldet, wird die bewusste Wahrnehmung reduziert. Die unverarbeiteten Anteile der Situation werden verdrängt, um weiterfunktionieren zu können.

Ein Schutz vor Überforderung

Die meisten Menschen haben als Kinder Situationen erlebt, die sie überfordert haben, sodass ein Teil der Eindrücke und Informationen ins Unterbewusstsein verschoben wurde. Viele wurden von Bezugspersonen missverstanden, nicht gesehen, lieblos behandelt oder gar misshandelt, sei es durch Schläge, Missachtung oder Abwertung. Sie spürten also einerseits Wut und andererseits das Bedürfnis, vom Täter, oft ein Elternteil, geliebt zu werden, ein schier unlösbarer Konflikt. Das Kind musste eine Gefühlsreaktion erfinden, um weiter funktionieren zu können. Eine einfache Reaktion lautete: »An mir ist etwas nicht in Ordnung, sodass man mich schlagen / lieblos behandeln / ignorieren / abwerten muss. Ich fühle mich am besten wertlos. Dann macht es Sinn, was ich erlebe.« Nur so war es ihnen möglich, weiter mit den Eltern zu leben und diesen ihr Leben weiter anzuvertrauen.

Die Aufgabe des Erwachsenwerdens besteht nun auch darin, diese damals überfordernden Situationen wieder zu erhellen und nachträglich zu bewältigen. Die Gefühle wissen auch im individuellen Fall, dass es nunmehr an der Zeit ist, sich wieder zu melden. Sie ahnen, dass wir nun die Möglichkeit haben, hilfreicher mit ihnen umzugehen. Inzwischen sind wir nämlich stark genug, die Gegensätze auszuhalten. Und die Gefühle heißen schließlich E-Motionen – sie möchten endlich heraus.

Verdrängte Gefühle tauchen verkleidet wieder auf

Was aber passiert, wenn diese Heraus-Bewegung lange gestoppt oder unterdrückt wird? Das Wasser eines Baches lässt sich eine Zeitlang aufstauen. Früher oder später sucht es sich entweder einen anderen Weg oder lässt den Damm brechen. Aufgestaute Gase erzeugen Druck. Eis sprengt seinen Behälter. Ähnliches geschieht mit den Gefühlen. Manche suchen sich andere

Als Kinder hatten wir nicht die Möglichkeit, mit extremen oder stark gegensätzlichen Gefühlen umzugehen. Heute ist das anders.

Wege oder tauchen in anderen Verkleidungen versteckt an anderer Stelle wieder auf. Verletztheit wandelt sich in Wut. Wut wandelt sich Selbstverletzungssucht. Sehnsucht nach Liebe wandelt sich in Sucht nach Substanzen. Andere Gefühle stauen sich auf, bis sie Sprengkraft erzeugen – dann kommt es zu unkontrollierten Zornesanfällen. Doch der Verdrängungsmechanismus wirkt oft so perfekt, dass die Gefühle nicht mal die Chance haben, maskiert ans Tageslicht zu kommen. So bleibt ihnen nur noch die Möglichkeit, sich als Krankheit zu melden, psychisch oder physisch. Einige dieser Mechanismen sind sogar im Volksmund längst bekannt und haben sich in Redewendungen manifestiert. Ärger »schlägt uns auf den Magen«. Der Stress »sitzt« uns als Muskelverspannung »im Nacken«. Wir grübeln über einem Problem, das uns »Kopfschmerzen bereitet« oder auch »an die Nieren geht«. Letztlich ist jedoch eines klar festzustellen: Gefühle sind Bewegungen in uns, also auch eine Form von Leben und Lebendigkeit! Werden sie aufgehalten, blockieren wir unsere eigene Lebensenergie und Lebendigkeit. Unterdrückte Gefühle verringern unsere Lebendigkeit und können im schlimmeren Fall psychische oder physische Krankheiten verursachen.

Einfach herauslassen? Alles hat Grenzen

Das andere Extrem zur völligen Verdrängung besteht darin, dass man seine Gefühle vollständig ausdrückt. Dieses Extrem hat ganz unterschiedliche Facetten und Konsequenzen. Da ist der Künstler, der seine Gefühle bildlich, musikalisch, literarisch oder sonst wie künstlerisch ausdrückt und so zu verarbeiten sucht. Wer es schafft, seinen Gefühlsausdruck derart zu kanalisieren, ist zu beglückwünschen. Ein Weg für jedermann liegt darin jedoch leider nicht.

Andere mit Freude anstecken

Wenn jemand frisch verliebt ist und deswegen grinsend und trällernd durch die Gegend schwebt, führt das vielleicht dazu, dass er seine Umgebung mit seiner Freude ansteckt. Vielleicht verliert der Verliebte aber auch kurzzeitig den Bezug zur Realität, macht unpassende Bemerkungen im Beruf und wird vorübergehend nicht mehr ernst genommen.

Ähnlich ist es mit dem Anbringen von negativen Gefühlen wie Ärger: Der eine wird dankbar für ein Feedback sein, der andere ist momentan nicht in der Lage, Kritik anzunehmen und verschließt sich beleidigt. Die Trennlinie zwischen dem, was an ausgedrückten Gefühlen die sozialen Beziehungen fördert und was sie eher verschlechtert, ist oft nicht einfach zu ziehen.

Herauslassen kann zerstören

Schließlich gibt es noch die schädlichen Formen herausgelassener Gefühle, und zwar immer dann, wenn durch das Herauslassen die Grenzen anderer überschritten werden. Beispiele hierfür sind Beleidigungen, Belästigungen und Aggressionen. Wer zu diesen Mitteln greift, gefährdet seine Beziehungen, denn seine Mitmenschen werden sich mehr und mehr von ihm abwenden, wenn sie keine andere Möglichkeit haben, ihre Grenzen zu wahren. Er gerät dadurch in soziale Isolation. Gefühle einfach herauszulassen, kann also Beziehungen und Menschen gefährden oder zerstören.

Gefühle vielleicht doch einfach loswerden?

Kann man denn negative Gefühle nicht doch einfach irgendwie loslassen oder loswerden? Mit Positivem Denken die schlechten einfach durch gute ersetzen? Nein, meiner Erfahrung nach funktioniert das nicht oder nur sehr begrenzt. Es gibt sicherlich durchaus Gefühlsreaktionen und Denkmuster, die man sich gewohnheitsmäßig

»antrainiert« hat und sich somit auch wieder abgewöhnen kann, etwa mit positiven Affirmationen. Dennoch: Ein großer Teil unserer negativen Gefühle hat seinen Sinn. Er hat seine Botschaft, die es zu entdecken gilt. Das transformiert die Gefühle, es verwandelt sie. Aus Enttäuschung wird dann zum Beispiel Erleichterung, wenn wir erkennen, warum das ersehnte Ziel, das wir nicht erreicht haben, uns in Wirklichkeit doch gar nicht entsprochen hätte. Wenn wir uns dagegen immer weiter einreden, dass wir das Ziel irgendwann schon erreichen werden, wird die Enttäuschung irgendwann nur noch größer ausfallen.

Ihre Gefühle bergen wahre Schätze, die Sie mit der Gefühle-sind-wie-Gäste-Methode heben.

Das neue Konzept

Vielleicht haben Sie ja schon – von Therapeuten oder spirituellen Lehrern – gehört, dass es, statt Gefühle zu unterdrücken oder herauszulassen, auch eine dritte Möglichkeit gibt, mit ihnen umzugehen: Man kann Gefühlen Raum geben, sie wahrnehmen und annehmen. Mancher fragt sich jedoch verzweifelt, wie dies in die Praxis umzusetzen sei. Woher soll man denn Raum nehmen, wenn man ohnehin schon das Gefühl hat, zu platzen? Und: Heißt wahrnehmen nicht dasselbe wie sich hineinzusteigern? Nein, das heißt es natürlich nicht. Das »einfach nur wahrnehmen« mag für einen Menschen aus fernöstlichen Kulturen selbstverständlich sein. Wir westlichen Menschen finden oft schwer Zugang zu solchen Vorstellungen.

Um all diese Hürden – das Wahrnehmen, das Raumgeben, das Annehmen – ohne Anstrengung ganz leicht nehmen zu können, habe ich ein neues, einfaches und wirkungsvolles Konzept entwickelt, das mir und meinen Seminarteilnehmern seither dient und Freude macht.

Ein neues inneres Bild

Gefühle sind wie Gäste. Ist das nicht ein seltsamer Satz? Heißt das denn, sich vorzustellen, dass noch ein paar andere Gestalten den eigenen Körper bewohnen? Zumindest zeitweise? Führt so etwas nicht zu einer Persönlichkeitsspaltung? Nein, diese Sorge – auch ein Gefühl übrigens – kann ich Ihnen ausnahmsweise gleich nehmen. Das Bild, mit dem wir hier arbeiten, ist ein ganz einfaches: Ihre Gefühle sind wie Gäste, das heißt, sie kommen und gehen. Sie selbst sind der Gastgeber. Ihren Gastraum nenne ich Emotionalkörper, das ist schlicht der Ort, an dem Sie Ihre

Neues Bild – neue Denkweise

Gefühle sind Gäste – das ist das neue Bild, die neue Vorstellung, mit der Sie im Laufe dieses Buchs arbeiten können. Eine bildhafte Vorstellung hat den großen Vorteil, dass wir uns einfach und mühelos eine ganz neue Denkweise über ein bestimmtes Thema erschließen können. Ohne viel Theorie, Kategorisierung oder Analyse. Unser Verstand ist oft ein großes Hindernis, wenn es darum geht, unsere Gefühle kennenzulernen. Benutzen wir nicht unsere Gedanken, sondern eine bildhafte Vorstellung, eine Metapher, können wir uns dagegen schnell auf eine neue Strategie einlassen und leicht alte Muster und Glaubenssätze hinter uns lassen. Mit dem Bild des Gastes werden Sie intuitiv eine Vielzahl von emotionalen Mechanismen durchschauen und können darauf aufbauend spielerisch Ihren neuen Umgang mit Ihren Gefühlen üben.

Gefühle spüren. Bei vielen Menschen ist das zunächst der Bauch oder der Brustraum. Der Unterschied zu einer Geburtstagsparty besteht nur darin, dass Sie leider, leider nur wenig Einfluss darauf haben, welche Gäste bei Ihnen ein- und ausgehen. Sie sind also kein privater Gastgeber, sondern eher ein Restaurant- oder Kneipenbesitzer mit allenfalls unzuverlässigen Türstehern. Sie können letztlich nur eines bestimmen: wie Sie mit Ihren Gästen umgehen. Klingt das bedrohlich? Das wird in dem Maße abnehmen, in dem Sie Folgendes erkennen: Die Art und Weise, wie Sie mit Ihren Gästen umgehen, hat einen direkten Einfluss darauf, wie Ihre Gäste mit Ihnen umgehen!

Warum gerade wie Gäste?

Stellen Sie sich doch einfach einmal vor, Sie hätten tatsächlich ein Restaurant, ein Café oder was auch immer für einen Ort, an dem stets Personen ein- und ausgehen können, ohne dass Sie sie konkret eingeladen hätten. Da kämen sicherlich ein paar moderne und angenehme Zeitgenossen vorbei, die gute Stimmung verbreiten, wissen, was man an Gegengaben oder Geschenken mitbringt und auch, wann es wieder Zeit ist, zu gehen. Andere wären vielleicht unangenehmer. Sie passten nicht so recht ins Image, verdürben die Stimmung, wären kompliziert oder aufdringlich und brächten dadurch alles durcheinander oder nervten einfach nur. Die wollen wir am liebsten loswerden. Profi-Gastronomen aber würden sagen: Mit denen würden wir so umgehen, dass sie von selbst gehen, ohne noch Schaden anzurichten.

Gefühle als zeitweise Besucher

Nun, mit unseren Gefühlen verhält es sich genau so wie mit diesen Gästen. Sie kommen zu uns, ohne dass wir sie eingeladen haben. Die angenehmen Zeitgenossen, die gute Stimmung verbreiten, gibt es auch hier. Sie heißen beispielsweise »Stolz, etwas geleistet zu haben« oder »Freude über ein Kompliment«. Gefühle bringen oft schöne Dinge mit wie Kraft und Energie. Die unangenehmen, die nicht ins Image passen, heißen etwa »das Bedürfnis, sich mal an einer Schulter auszuweinen«. Die Party-Verderber sind vielleicht unsere Erschöpfung, unser Groll, unsere Verbitterung. Die Pläne-Zerstörer heißen zum Beispiel Versagensängste, Scham oder Überforderung. Ständige Selbstzweifel oder Zwänge könnte mancher als seine Nervensägen bezeichnen.

Mit einigen Gefühlen befassen wir uns nur heimlich, beispielsweise mit Sehnsüchten oder sexuellen Wünschen. Viele Gefühle werden jahrelang ignoriert, allen voran das Bedürfnis nach genügend Ruhe, Stille und Schlaf. Gerade diese Bedürfnisse scheinen sich über Jahre hinweg kaum mehr zu zeigen, bis sie dann plötzlich als Depression, Burnout oder körperliche Krankheiten neu auftauchen.

Unsympathische Gäste

Sie würden jetzt gern wissen, wie man die unsympathischen Typen am schnellsten los wird? Lesen Sie bitte den folgenden Absatz zweimal: einmal mit der Vorstellung, es handle sich um Menschen, das andere Mal mit der Vorstellung, es handle sich um Gefühle.

Es gibt unter den Gästen auch eine Menge Unsympathen. Ungepflegte, irgendwie abstoßende Gesellen ohne klares Profil. Alter und Herkunft sind kaum einzuordnen. Solche Typen passen doch gar nicht zu uns! Wir lassen sie erst einmal links liegen – leider nützt das nichts. Wir versuchen also, ihnen klarzumachen, dass sie verschwinden sollen. Aber statt sich einsichtig vom Acker zu machen, nehmen sie jetzt erst recht Raum ein und plustern sich auf! Manche brüllen so laut herum, dass man keinen klaren Gedanken mehr fassen kann, sie randalieren herum und jagen uns richtig Angst ein.

Auch bei den dezenteren Gestalten, die lange, lange Geduld mit unserer Ignorier-Taktik hatten, kann es vorkommen, dass irgendwann »das Maß« voll ist. Nach langen Jahren kommt ein Tropfen hinzu, der das Fass zum Überlaufen bringt, und sie flippen völlig aus, ohne dass man weiß, warum.

Unsympathische Gefühle

»Unsympathen« gibt es also unter Menschen wie unter Gefühlen. Bei denen sind es vor allem Ängste, Widerstand, Wut und – unerträglich vor allem für Leistungsmenschen – die Erschöpfung. Aber auch Traurigkeit und Schwermut werden von vielen quasi als No-Go eingestuft. Unterdrückte Wut aber kann

plötzlich so hochkochen, dass wir explodieren könnten – sie nimmt jetzt also erst recht Raum ein. Selbstzweifel können solche Ausmaße annehmen, dass wir ständig negative Glaubenssätze in unserem Inneren zu hören scheinen. Und jahrelang ignorierte Bedürfnisse können sich in Konfliktsituationen auch als Herzrasen und Atemnot zeigen und dadurch existenzielle Ängste verursachen.

Den Gästen Aufmerksamkeit schenken

Der Grund, warum die ungeliebten Gäste früher oder später randalieren, ist ganz einfach: Sie möchten wahrgenommen werden. Ja, richtig, auch Gefühle brauchen Aufmerksamkeit. Und das ist eigentlich auch schon alles, was sie brauchen. Während wir menschlichen Gästen zusätzlich Speis und Trank servieren, genügt es für die Gefühle, dass sie sich ausreichend wahrgenommen fühlen. Dies aber funktioniert

Kurzbeschreibung des Gästerituals

Ab Seite 39 werden Sie das Gästeritual noch ausführlich und mit Übungsbeispielen unterlegt vorgestellt finden. Da es aber so einfach ist, hier schon einmal die Kurzform im Überblick.

Es braucht nichts als Worte:
* Wir benennen das Gefühl.
* Wir begrüßen es.
* Wir heißen es willkommen (und geben ihm so Raum).
* Wir danken ihm.

wie bei den menschlichen Gästen. Was macht denn der aufmerksame Gastgeber? Er begrüßt seinen Gast – möglichst mit Namen. Als Nächstes bietet er ihm einen Platz an – er erlaubt ihm also, Raum einzunehmen. Am Ende dankt er ihm für den Besuch. Und bei der hier vorgestellten Methode verfahren wir genauso mit unseren Gefühlen.

Erstaunliche Wirkung

Dieses Ritual ist leicht vorzustellen für angenehme Gäste, oder? Aber was ist mit den Typen, die wir gar nicht haben möchten? Sie werden staunen, welch enorme Wirkung diese Höflichkeits-Strategie auf die Randalierer und Nervensägen unter Ihren Gefühlen hat. Der Gast, der begrüßt und herzlich willkommen geheißen wird und dem schließlich für sein Kommen gedankt wird, wird automatisch zufriedener. Er fühlt sich durch die direkte Ansprache so wahrgenommen, dass er sich nicht mehr künstlich aufplustern muss. Er darf einfach da sein. Und weil er weiß, dass er ein Gast ist, wird er nach der für ihn angemessenen Zeit wieder gehen, statt seinen Aufenthalt ewig auszudehnen.

Nach einer würdigen Verabschiedung wird der Gast zufrieden und ruhig gehen können. Es wird ihm ausreichend erscheinen, bei konkretem Anlass wieder zu erscheinen. Er muss aber nicht zur Unzeit wieder »auf der Matte« stehen, um seinen Auftrag – der allein darin besteht, wahrgenommen zu werden – zu Ende zu bringen.

Die Magie der Worte

Eines ist klar: Je unsympathischer der Gast, desto schwerer fällt es uns, ihm höfliche Worte entgegenzubringen. Viele von uns haben hart daran gearbeitet, offen und ehrlich zu kommunizieren – da kommt einem die Aufforderung, zu einem Widerling höflich zu sein, geradezu heuchlerisch vor, oder? Doch Respekt und Höflichkeit haben nichts mit Unehrlichkeit zu tun, sondern nutzen einfach die Magie der Worte.

Der Begriff »Zauberwort« zeugt von der Weisheit, dass Worte magische Wirkung entfalten können. Mit einem einzigen richtigen oder falschen Wort können Beziehungen begründet oder zerstört werden. Worte können direkt unseren Zustand verändern: Sie können trösten, aufmuntern, ermutigen, erheitern, aber auch enttäuschen, verletzen oder schockieren. Kein Wunder, dass in der Märchen- und Fantasyliteratur der Zauberspruch das mächtigste Mittel der Zauberer und Hexen darstellt.

Worte wirken

Ob der Sprecher voll und ganz hinter den Worten steht oder nicht, kann tatsächlich zweitrangig sein. Eine mühsam hervorgebrachte Entschuldigung ist meist besser als keine Entschuldigung, und Höflichkeit öffnet auch dann Türen, wenn sie zunächst einmal nicht von Herzen kommt.

Genau diese Erkenntnis werden wir uns zunutze machen. Gerade sie macht es uns leicht, die Methode auch dann anzuwenden, wenn wir es mit den »Unsympathen« zu tun haben, denen gegenüber wir selbstverständlich erst einmal gar keine Lust auf Nettigkeiten haben.

Das Gästeritual

Die Gefühle wie Gäste behandeln und dadurch selbst leichter leben – theoretisch ist dieses Bild jetzt sicher schon bei Ihnen angekommen. Aber wie sieht es praktisch aus? Muss jetzt zu Hause immer aufgeräumt sein, da jeden Moment Besuch kommen könnte? Keine Sorge. Eigentlich besteht die Gefühle-sind-wie-Gäste-Methode nur aus einer ganz kleinen Achtsamkeitsübung – besser gesagt: einem Ritual für Ihre Gäste. Jede Methode benötigt Übung. Außer etwas Zeit und Raum ist für die Gefühle-sind-wie-Gäste-Methode nichts Voraussetzung. Vergessen Sie Anstrengung und Disziplin – freuen Sie sich auf eine fast **spielerische Entdeckungsreise in Ihr Inneres.**
Sie beginnen in Ihrem inneren Gastraum. Dort werden Sie alte Bekannte treffen und neue Gesichter entdecken. Allein dadurch kommt schon Bewegung in Ihre innere Gesellschaft. Durch energetische Übungen können Sie den Gastraum außerdem noch etwas besser durchlüften.

Wir machen uns auf den Weg

Die Methode, die hier vorgestellt wird, ist denkbar einfach – und kann viel verändern. Anfangs wird sie etwas ungewohnt sein, aber rasch werden Sie ihre enormen Vorteile spüren. Nach ein wenig Übung können Sie sie dann auch zwischendrin im Alltag nutzen.

Die Vorbereitung

Die einzige und zugleich sehr wichtige Vorbereitung für Ihr Üben lautet: Schaffen Sie sich Zeit und Raum. Räumen Sie sich einen Ort und einen Zeitraum ein, wo Sie ganz ungestört und geschützt für sich sein können. Wo und wann könnten Sie in den nächsten Tagen und Wochen immer wieder eine kleine Auszeit nehmen? Jeden Abend kurz vorm Schlafengehen in Ihrem Wohnzimmer? Oder zu Beginn des Feierabends auf dem Balkon? Versuchen Sie, Ort und Zeit möglichst klar zu benennen. Im Hinblick auf die Zeit nehmen Sie sich für den Anfang am besten nicht zu viel vor – wichtig ist, sich keinesfalls zu überfordern. Fangen Sie mit kurzen, aber möglichst regelmäßigen Terminen an. Fünf Minuten pro Tag reichen, gerade am Anfang, völlig aus.

Ein geschützter Rahmen

Für den Raum genügt es, dass Sie allein sein, eine Tür schließen und sich einigermaßen geschützt fühlen können. Wenn Sie mit den CD-Aufnahmen üben wollen, müssen Sie natürlich noch das entsprechende Abspielgerät vorbereiten.

Wenn Sie gerade keinen geschützten Raum zur Verfügung haben, dann überlegen Sie sich am besten gleich jetzt, wann Sie ihn sich verschaffen können.

Lassen Sie keine Ausflüchte gelten. Um welche Uhrzeit, an welchen Wochentagen können Sie es sich regelmäßig einrichten, den Umgang mit Ihren Gefühlen zu üben? Vereinbaren Sie am besten jetzt den ersten oder gleich mehrere Termine und einen entsprechenden Ort mit sich selbst. Notieren Sie sich diese Verabredung in Ihrem Kalender, auf einem Zettel oder in Ihrem Handy. Halten Sie diese Verabredung, wenn es irgendwie geht, ein. Tun Sie dies aus Respekt vor sich selbst und Ihren Gefühlen und in der Vorfreude auf die anstehenden positiven Veränderungen, die durch das Üben erzielt werden können. Also, Sie haben einen Raum und einen Ort gefunden, wo Sie sich, solange Sie möchten, aber für mindestens fünf Minuten, in Ruhe Ihren Gefühlen widmen können? Sehr gut. Ist Ihr Handy wirklich aus? Ist die Tür zu? Wunderbar. Dann kann es jetzt losgehen.

Brauchen Sie Begleitung?

Klären Sie für sich, ob Sie weitere Begleitung brauchen. Die hier vorgestellten Übungen sind einfach und für jedermann möglich. Sollten Sie psychisch instabil oder krank sein, sollten Sie sich mit Ihrem Therapeuten darüber absprechen, ob diese Übungen für Sie sinnvoll sind. Meine Erfahrungen mit dieser Methode ist zwar, dass sie auch Menschen mit psychischen Krankheiten sehr gut hilft. Negative Auswirkungen konnte ich bisher nicht beobachten – im Gegenteil. Wer aber an einer solchen Störung leidet oder sich allgemein sehr unsicher mit seinem Innenleben ist, sollte sich professionell begleiten lassen. Ein Therapeut, dem Sie vertrauen und der Sie bereits eine Zeit lang betreut, kann entscheiden, welche Art der Selbsterfahrung in Ihrer konkreten Situation dienlich ist. Ohne persönlichen Kontakt zu Ihnen als Leserin oder Leser ist mir das natürlich nicht möglich.

Üben mit Buch und CD

Am besten lesen Sie zunächst dieses Buch weiter durch, um besser zu verstehen, wie und warum die Methode funktioniert. Natürlich können und sollten Sie dabei gleich mitüben, im Folgenden finden Sie dazu jede Menge Anregungen. So sammeln Sie parallel zur Vertiefung Ihres Verständnisses gleich praktische Erfahrungen.

Auf der beiliegenden CD befindet sich der wichtigste Teil der Übungen in Form von geführten Meditationen. Beim Zuhören mit geschlossenen Augen fällt es den meisten leichter, die inneren Vorgänge wahrzunehmen, sodass sich für viele Menschen dieser Weg als anstrengungsloser und gleichzeitig tiefer erweist.

Sobald Sie mit den Übungen vertraut sind, haben Sie die Wahl. Finden Sie selbst – am besten jeden Tag neu – heraus, welche Art des Übens Ihnen mehr entspricht: der Umgang mit den Übungen aus dem Buch oder das Üben per CD.

Wir lernen die Namen unserer Gäste kennen

Ein wichtiger Schritt im Umgang mit Gefühlen ist, sie möglichst genau zu benennen. Unsere Sprache ist einer der wichtigsten Schlüssel zu unserem Bewusstsein, genauer gesagt, um unbewusste Inhalte bewusst zu machen. Um jemanden oder eben ein Gefühl deutlich wahrnehmen zu können, ist es äußerst hilfreich, ihn oder es möglichst genau zu identifizieren.

Eindeutig erkannt?

Manche Gäste sind recht eindeutig: Unruhe, Angst, Langeweile, Stress, Ärger, Anspannung … Andere erscheinen erst einmal recht diffus. Angst? Hm, vielleicht trifft es das gerade nicht so recht, vielleicht

> *»Mein Gefühl heute? Voll ninja-mäßig.«*
>
> Jonas, 11 Jahre

(CD/Track 1)

* Setzen Sie sich möglichst bequem hin und schließen Sie die Augen. Lassen Sie einfach einige Atemzüge kommen und gehen.

* Dann spüren Sie in sich hinein und fragen sich, wie Sie sich im Moment fühlen oder was Sie fühlen. Warten Sie geduldig, bis Sie die Antwort spüren. Sie brauchen dabei nicht zu denken. Es kann einige Atemzüge dauern, bis Sie sich über die Gefühle in Ihnen klar werden.

* Nun benennen Sie die Empfindung. Vielleicht haben Sie eben gespürt: »Ich bin angespannt.« Dann nennen Sie den Gast »Anspannung«. Benennen heißt nichts weiter, als das Wort zu sagen – entweder laut oder im Geiste. Verbinden Sie keine Wertung damit. Sie sagen einfach, wer oder was momentan da ist.

haben Sie eigentlich nur in dieser ganz konkreten Situation Angst, dass man Ihnen nicht zuhört – gut, dann benennen Sie den Gast eben konkret so: »Angst, dass man mir nicht zuhört«. Andere heißen vielleicht »Ärger darüber, schon wieder übergangen worden zu sein« oder »quälende Eifersucht«, »Sorge, mein Kind könnte in der Schule gemobbt werden« oder »Panik, es nicht auf die Reihe zu kriegen«.

Bilder oder Sprichwörter finden

Manche Gefühle sind trotz allem so diffus, dass Sie sie kaum in ein treffendes Wort oder einen Halbsatz bekommen. Auch in diesem Fall sind der Kreativität keine Grenzen gesetzt. Versuchen Sie zunächst, irgendein Wort dafür zu finden, sei es ein Bild, eine Erinnerung, ein Sprichwort – egal was. Geben Sie dem Gast einen Namen, der irgendetwas mit ihm, Ihrem diffusen

Gefühl, zu tun hat. Das kann sein: »Kloß im Hals«, »zähe graue Masse auf der Haut«, »Sturm auf hoher See«, »Picknick neulich«, »Aller Anfang ist schwer« oder was auch immer passt. Mit der Zeit werden sich die Nebel lichten, Ihre vermummten Gäste werden die Verkleidungen ablegen.

Was Sie beim Benennen vermeiden sollten

Wertungen und Interpretationen haben beim Benennen nichts zu suchen. Wie bereits beschrieben, sind Wertungen und Interpretationen keine Gefühle, sondern Gedanken. Auch wenn Sie beim Benennen der Gäste kreativ mit Bildern oder Wörtern jeder Art hantieren dürfen, empfiehlt es sich, Wertungen und Interpretationen zu vermeiden – ganz einfach, weil das Unterbewusstsein sonst in ein falsches Fahrwasser gerät. Sie können sich das so vorstellen, dass Sie den Gästen praktisch selbst noch mehr Verkleidung und Maskierung überwerfen.

Tipp: Die Gefühle kreativ benennen

Scheuen Sie sich nicht, eigene Begriffe oder Worte zu kreieren – schließlich ist es ganz und gar allein Ihre Sache, wie Sie Ihre Gefühle benennen. Ein wunderschönes Beispiel für Kreativität in dieser Richtung lieferte mir eines meiner Kinder, als ich einmal eine fast unglaublich gute Nachricht bekam. Ich war so aus dem Häuschen, dass ich eine Zeitlang völlig überdreht durch die Gegend hüpfte und tanzte. Am selben Abend kommentierte dies mein Sohn seinem Vater gegenüber wie folgt: »Du, die Mama war heute total über-freudet!« Ich muss sagen, einen treffenderen Ausdruck für meinen Zustand an diesem Tag hätte ich nicht finden können.

Tipp: Wichtig fürs Benennen

Ihre Gästenamen sollen Folgendes nicht enthalten:

✳ Bewertungen (»Ich bin einfach zu dumm dafür«, »Ärger, dass er/sie so blöd ist«.)

✳ Interpretationen (»Er mag mich nicht«, »Ich bekomme nichts auf die Reihe«.)

✳ Glaubenssätze (»Ich muss es auf jeden Fall allein schaffen«.)

Falsche Glaubenssätze

Dies sind Meinungen über sich, andere oder die Welt, die Sie im Laufe Ihres Erwachsenwerdens angesammelt haben. Glaubenssätze sind so tief in unserem Unterbewusstsein verankert, dass wir sie meist nicht bemerken und demzufolge auch ihren Wahrheitsgehalt nicht überprüfen. Dennoch oder gerade deswegen beeinflussen sie aber zu einem großen Teil unsere Handlungen und Gefühle.

Freuen Sie sich also, wenn Sie einen Glaubenssatz entdeckt haben, denn das nimmt ihm bereits einen großen Teil seiner Macht. Aber behandeln Sie ihn nicht als Gast, denn er ist kein Gefühl, sondern ein Produkt Ihrer Gedanken. Beispiele für falsche Glaubenssätze:

● »Ich bin unattraktiv.«

● »Ich bekomme es einfach nicht auf die Reihe.«

● »Ich bin ein Versager.«

● »Man muss immer bis zur Leistungsgrenze arbeiten.«

● »Haushalt und Kindererziehung ist deutlich weniger wert, als ›richtig‹ zu arbeiten.«

● »Geld verdirbt einfach nur den Charakter.«

Die Gefühle dahinter

Was aber tun, wenn Ihnen spontan genau solch eine Wertung, eine Interpretation oder ein Glaubenssatz in den Sinn kommen? Versuchen

Sie zunächst zu spüren, welches Gefühl hinter der Bewertung, der Interpretation oder dem Glaubenssatz steckt – etwa die Angst zu versagen; die Angst, allein zu sein, abgelehnt zu werden?

Wenn zunächst nichts anderes als eben solche Sätze auftauchen, sobald Sie in sich hineinspüren, dann folgen zwei wichtige Schritte.

Erster Schritt: Umformulieren

Als Erstes formulieren Sie so um, dass Ihnen klar wird, dass das, was Sie da denken, nicht die Realität ist. Statt »zu dumm sein« oder ›Ich bin zu dumm‹« benennen Sie: ›Das Gefühl, zu dumm zu sein‹«. Damit haben Sie sich von der Vorstellung wegbewegt, Sie seien wirklich dumm. Sie lassen bereits Raum für die Möglichkeit, dass Ihre Interpretation nicht stimmt.

Zweiter Schritt: Dahinter-Fühlen

Als Nächstes versuchen Sie zu erspüren, welches Gefühl hinter Ihrer Wertung steckt. Auch hier gilt – wie fast immer bei der Arbeit mit den Gefühlen: Es ist sehr individuell, was sich hinter einer Wertung verbirgt. Nehmen Sie sich also Zeit, um eine Antwort auf die Frage zu finden: »Wie fühlt sich das an, sich für dumm zu halten?« oder: »Wie fühlt es sich an, nichts auf die Reihe zu bekommen?«

Vielleicht fühlt es sich deprimierend an. Vielleicht macht es Ihnen Angst. Vielleicht spüren Sie aber auch schon eine gewisse Erleichterung, nicht mehr zu viel Leistung von sich selbst zu verlangen. Gelingt es Ihnen nicht, ein Gefühl hinter Ihrer Wertung auszumachen? Dann arbeiten Sie mit dem Ausdruck »Das Gefühl, zu dumm zu sein« oder »Das Gefühl, nichts auf die Reihe zu bekommen«. Auch wenn es kein »richtiges« Gefühl ist. Es wird sich im Lauf der Zeit zeigen, was dahinter steht. Hauptsache, die Botschaft, dass Ihre Wertung nicht real ist (im Gegensatz zu einem wirklichen Gefühl), ist angekommen.

Glaubenssätze sind hartnäckig. Lassen Sie sich also nicht entmutigen, wenn Sie sie im Moment nicht knacken. Im Kapitel über die Hindernisse ab Seite 71 erfahren Sie mehr über den Sinn dieser zunächst sehr lästigen Zeitgenossen.

Warum Nicht-Werten wichtig ist

»Sie sehen wundervoll aus, Gnädigste!« Haben wir einen angenehmen Gast, freuen sich natürlich Gast und Gastgeber. Sie möchten aber natürlich auch mit den Unsympathen in Ihrem Gasthaus klarkommen. Dass es da kontraproduktiv ist, diese mit »Oh nein, du schon wieder!« zu begrüßen, versteht sich nach dem bisher Gesagten von selbst. Doch können wir die ablehnende Reaktion überhaupt ändern? Tatsächlich ist es so, dass wir gründlich gelernt haben, zu bewerten. Dieses Einordnen von Situationen, Gefühlen oder Personen ist ja auch lebensnotwendig. Woher sollten wir sonst wissen, was gut oder schlecht für uns ist? Der Haken daran ist nur, dass wir durch zu viel Bewertung an Offenheit und Lebendigkeit verlieren. Die Abwertung von Gefühlen führt oft dazu, dass wir sie schnell verdrängen – getreu dem Motto, dass nicht sein kann, was nicht sein darf.

Abwertung führt zu Verdrängung

Sobald wir etwas als negativ werten, nehmen wir innerlich und unbewusst bereits eine Haltung an, die auf »loshaben wollen« abzielt,

Lisa, 28 Jahre

nicht aber auf »annehmen«. Somit greift der Verdrängungsmechanismus: Das Thema wird weit, weit hinunter ins Unterbewusstsein verdrängt. Es kann nicht mehr bewusst wahrgenommen werden, was aber wichtig wäre, um damit zu arbeiten und es zu lösen.

Verdrängen wir durch Bewertung, verlieren wir das Geschenk, das in den angeblich negativen Emotionen liegt. Ja richtig, ein Geschenk! Gefühle haben ihren Sinn. Im einfachen, existentiellen Sinn: Achtung, Hunger – iss etwas, um zu überleben! Im sozialen Sinn: Achtung, Unbehagen – diesem Menschen kann ich nicht trauen!

Die Geschenke entdecken

Aber auch in Gefühlen zu komplexeren, indirekteren Themen liegen immer Geschenke. Diese sind oft nicht sofort zu erkennen. Hier heißt es, sich allmählich mit Achtsamkeit heranzutasten. Zum Beispiel: »Hat mein derzeitiger Widerwillen gegen Sex mit meiner allgemeinen Erschöpfung zu tun, weil ich mir ständig zu viel zumute, oder ist es ein Anzeichen dafür, dass in der Partnerschaft etwas nicht stimmt?« »Frustriert mich die Arbeit, weil ein Jobwechsel das Richtige für mich wäre, oder bin ich so stark vom Lob meines Chefs abhängig, weil ich von meinen Eltern nie gelobt wurde und unbewusst nach Kompensation suche?«

Fragen dieser Art helfen in vielerlei Hinsicht weiter. Aber Nachdenken wirkt dabei eher wie der Löffel, mit dem man den Sand im Wasserglas umrührt: Die Sicht wird noch verschlechtert. Erst wenn wir ruhig werden, den Sand sinken lassen und unser Gefühlsknäuel mit schlichter Wahrnehmung nach und nach entwirren, bekommen wir wahre Antworten. Diese sind wie eine Entschlüsselung dessen, was die »negativen« Gefühle uns sagen wollten. Sie weisen uns neue Wege auf, zu einem erfüllteren, stimmigeren Leben. Wenn das kein Geschenk ist!

Gefühlsflut, Gefühlsebbe

Vielleicht haben Sie eben den Eindruck gehabt, die Gäste in Ihnen träten sich so richtig auf die Füße. Am liebsten würden Sie ganz laut rufen »Wegen Überfüllung geschlossen!« Ein paar aufdringliche Typen sind dabei, die sich ständig in den Vordergrund drängen. Da hilft erst einmal nur eins: tief durchatmen. Und dann einen nach dem anderen benennen. Meistens sind die Pappenheimer ja relativ gut bekannt und auch noch untereinander verwandt.

Nehmen Sie sich für jeden Gast Zeit, bis Sie ihn benannt haben, dann kommt der nächste dran. Dazwischen jeweils ein paar Mal in Ruhe durchatmen, das ist ebenfalls hilfreich. Sie sagen zum Beispiel: »Stress … Überforderung … Frust … Ärger … Wut.«

Gefühlsintensität mit Worten steuern

Mal sind Gefühle so heftig, dass wir gar nichts anderes denken oder tun können. Manchmal erahnen wir sie aber auch nur, obwohl wir sie so gern entdecken und mit ihnen arbeiten würden. Ein einfaches und wirkungsvolles Mittel, auf die Intensität der Gefühle einzuwirken, ist die Formulierung entweder als Ich-Form oder im Gegenteil ganz unpersönlich im Infinitiv. Das heißt:

* Versteckte Gefühle: Statt »Freude« sagen Sie: »Ich freue mich« oder »Ich fühle Freude.«
* Zu heftige Gefühle: Statt »Ich habe Panik« oder nur »Panik« sagen Sie sich: »Panik haben« oder »Panik verspüren«. Erinnern Sie sich – Worte sind magisch, und auch die Art der Formulierung wirkt durch ganz feine Nuancen auf Ihr Unterbewusstsein und die Gefühle.

Übung: Körperliches Empfinden nutzen

Oft fällt das Erkennen von Gefühlen leichter, wenn man auf körperliche Empfindungen achtet.

✳ Fühlen Sie sich eher entspannt oder eher angespannt? Dann benennen Sie »Entspannung« oder »Verspannung«.

✳ Wo fühlen Sie sich angespannt? Vielleicht im Nacken? Dann: »Nackenverspannung«.

✳ Fühlt sich Ihr Körper eher lebhaft oder eher ziemlich erschöpft an? Ruhig oder unruhig? Schwer oder leicht?

✳ Außerdem können Sie einzelne Körperteile wahrnehmen und abfragen, was Sie dort empfinden. Dann benennen Sie beispielsweise »Hitze im Kopf« oder »Spannung im Fuß«.

Im Verlauf der Übungen werden Sie die Logik durchschauen, die in diesen Gefühlstrauben steckt. Die Gäste werden sich schon noch sortieren und Ihnen zeigen, in welcher Beziehung sie zueinander stehen. Manche sind so gute Kumpel, dass sie generell im Doppelpack erscheinen. Andere brauchen immer ihren großen Bruder, um sich überhaupt in Ihre Gaststube hereinzutrauen. Es genügt für den Anfang völlig, wenn Sie ein Gefühl klar wahrnehmen können.

Wenn nichts zu entdecken ist

»Hallo? Ist da jemand? Ich seh nix. Irgendwie ist da nur so ein nebliges oder dumpfes Gebiet, wenn ich die Aufmerksamkeit auf mich richte.« Wenn es Ihnen so geht, sind Sie in guter Gesellschaft. Viele Menschen sind es nicht gewohnt, sich selbst Aufmerksamkeit zu widmen, sodass sie erst einmal nichts fühlen. Wie finden Sie das denn, dass Sie nichts fühlen? Ist das nicht ärgerlich? Oder frustrierend? Oder sind Sie sauer, dass Sie so ein nutzloses

Buch gekauft haben, dessen erste Übungen schon nicht klappen? Prima, dann haben Sie ja schon einen Gast entdeckt: Ärger, Frust, Sauersein – alles Gefühle. Damit haben Sie schon einen Teil Ihres Gasthauses »Ich« kennengelernt.

Wenn absolut gar nichts los ist

Nein? Es regt sich nichts? Gar nichts? Macht nichts. Es gibt verschiedene Einstiegsübungen. Sie können mit den körperlichen Empfindungen beginnen oder mal verschiedene Gefühle »ausprobieren«. Oder Sie visualisieren den Gastraum – vielleicht ist auf diese Weise jemand zu finden (Seite 52).

Sollte auch das nicht helfen und Sie bleiben ohne Gäste, dann gehen Sie am besten gleich zu den Übungen zu Atem und Energiefluss über (ab Seite 53) und beginnen danach neu mit dem Benennen der Gefühle.

Übung: Gefühle einfach »ausprobieren«

Wenn es Ihnen schwerfällt, sich auf körperliche Wahrnehmungen einzulassen, dann probieren Sie einfach folgende Vorschläge von weit verbreiteten Grundgefühlen aus, indem Sie sich die Worte vorsagen und in sich hineinfühlen, ob sie auf Sie zutreffen. Zu fühlen, dass etwas auf einen zutrifft, bedeutet, dass sich ein bejahendes Gefühl einstellt, eine Art Resonanz, eine Öffnung. Sollte Ihnen das im Moment zu abstrakt erscheinen, so bleiben Sie ruhig für den Anfang beim Denken. Versuchen Sie aber nach und nach, dabei mehr zu fühlen. Beispiele für Gefühle im Alltag, die Sie probieren können: gestresst – neugierig – müde – ruhig – nervös – entspannt – gehetzt – freudig – ängstlich – zerstreut – erleichtert – zufrieden – unzufrieden – gespannt – verspannt – traurig – freudig – dankbar.

Übung: Den Gastraum visualisieren

Wenn Sie einfach keinen Gast erkennen können, gibt es schließlich noch die Möglichkeit, den Gastraum zu visualisieren.

* Setzen Sie sich in Ruhe hin, schließen Sie die Augen und stellen Sie sich innerlich möglichst genau den Gastraum vor.

* Suchen Sie nach der Tür. Wie sieht sie aus? Aus welchem Material ist sie, in welcher Farbe ist sie gestrichen?

* Gehen Sie in Ihrer Vorstellung zur Tür und öffnen Sie sie.

* Beobachten Sie, was diesem Vorgang folgt – Bilder, Gefühle, was auch immer. Tritt eine Gestalt ein? Erscheint eine Szene aus einer vergangenen Situation? Wird es Ihnen plötzlich kalt oder warm? Sind Sie erleichtert, dass Sie eine Möglichkeit der inneren Öffnung gefunden haben?

* Wenn es Ihnen schwerfällt, zu visualisieren, können Sie sich auch vorstellen, im Dunkeln auf eine Tür zuzugehen und diese dann neugierig zu öffnen.

Nochmals: nicht werten, nicht überanstrengen

Egal, welche Möglichkeit Sie wählen: Denken Sie daran, dass Sie nicht bewerten, was auch immer erscheint, und dass Sie sich nicht überfordern. Es gibt keinen Preis zu vergeben für die meisten, tollsten oder originellsten Gefühle! Nehmen Sie sich für die erste Woche nicht mehr als fünf Minuten pro Tag vor und üben Sie nur länger, wenn Sie sich dabei weder überanstrengt noch überfordert fühlen. Nach und nach können Sie die Übungszeit nach Ihrem Ermessen ausdehnen. Um effizient zu sein, braucht die Methode aber selbst bei Geübten oftmals gar nicht mehr als diese fünf Minuten am Tag.

Den Atem wahrnehmen

Eine große Bedeutung für jede Form von Achtsamkeitsübung hat die Wahrnehmung des Atems. Als reguläre Praxis hat sie ihren Ursprung in vielen spirituellen Schulen, vor allem im Buddhismus. Den Atem wahrzunehmen ist zunächst einmal schlicht ein guter Einstieg, um zur Ruhe zu kommen, sich körperlich zu entspannen und die Aufmerksamkeit auf sich selbst zu lenken. Ein weiterer wichtiger Effekt ist, dass der Atem mit den inneren Vorgängen in einer unbewussten, aber sehr direkten Weise verknüpft ist. Gefühle kommen schneller zum Vorschein, aber wir geraten mit der Aufmerksamkeit auf den Atem auch schneller in unsere Mitte, in den Zustand von innerem Frieden.

Übung: Den Atem wahrnehmen

* Wählen Sie eine bequeme Sitzposition, in der Ihr Rücken möglichst gerade ist und in der Sie eine Weile verharren können.

* Nehmen Sie Ihren Atem wahr. Sie können spüren, wie Ihre Bauchdecke sich hebt und senkt, oder aber, wie der Einatem Ihren ganzen Rumpf dehnt und der Ausatem Ihren Körper zurückschwingen lässt.

* Nehmen Sie wahr, ob der Atem momentan kurz oder lang, schnell oder langsam oder wie auch immer beschaffen ist.

* Lassen Sie jede Absicht und Wertung los. Jeder Atemzug ist in diesem Moment richtig, so wie er ist, mag er Ihnen auch hektisch oder anderweitig unangenehm erscheinen. Achten Sie auch auf Veränderungen.

* Es genügen bereits wenige Atemzüge für diese Übung. Doch üben Sie so lange, wie es Ihnen stimmig erscheint.

Gefühle in Fluss bringen

Egal, wo Sie mit dem Ritual stehen: Übungen zum Anregen des Energieflusses sind immer hilfreich.

Gefühle sind ja eine Form der Energie, und wenn die Lebensenergie in einen gleichmäßigen Fluss gebracht wird, geschieht dasselbe oft auch mit den Gefühlen.

Übung für den Energiefluss

* Sie stehen bequem und etwa hüftbreit. Stellen Sie sich Ihre Wirbelsäule als eine Lichtsäule vor, die nach unten wie eine Wurzel aus Licht in den Boden eindringt, bis sie sich im Mittelpunkt der Erde verankert.

* Dann lassen Sie Lichtwurzeln aus Ihren Füßen wachsen und sich im Mittelpunkt der Erde verankern. Dasselbe geschieht auch aus den Mitten Ihrer Hände.

* Lassen Sie von jeder Zelle Ihres Körpers aus feine Lichtwurzeln wachsen, ein dichtes Bündel aus Millionen feiner lichter Verankerungen.

* Atmen Sie mehrmals bewusst aus und schicken Sie alle Anspannungen durch Ihre Erdungswurzeln nach unten weg.

* Stellen Sie sich nun etwa eine halbe Armlänge über Ihrem Kopf eine Lichtquelle vor, eine Art kleine Sonne. Sie sendet weißgoldenes Licht aus, das sich über Sie und vollständig durch Sie hindurch ergießt – eine Lichtdusche.

* Nehmen Sie den Fluss dieses Lichts durch Ihren Körper und Ihr Energiefeld wahr: Es geht über den Kopf hinein, durch Rumpf, Arme und Beine. An den Händen und Füßen fließt es wieder hinaus – durch Ihre Erdungswurzeln.

* Genießen Sie es, dass dieses Licht – Ihre Lebensenergie – Sie reinigt und nährt.

Das komplette Ritual

Sie haben sich nun bereits einen groben Überblick darüber verschafft, welches Ihre Stammgäste sind, und ihnen stimmige Namen gegeben. Aber die Gästeschar wird sich noch sehr unruhig verhalten. Es wird Drängler und Blockierer geben. Alles erscheint Ihnen wahrscheinlich noch recht zusammenhangslos und ungeordnet. Vielleicht hat das Benennen erst einmal anstrengende Gefühlswellen ausgelöst, die Sie kurzzeitig zu überrollen drohten, vielleicht waren die Gäste derartig unangenehm, dass Ihre Aufmerksamkeit einem gedanklichen Fluchtreflex gewichen ist. Vielleicht haben Sie nach wie vor das Gefühl, im Dunkeln oder im Nebel zu stochern. Alles soweit kein Problem. Mithilfe des Rituals, das Sie nun genauer kennenlernen, wird sich mehr und mehr ein geordnetes, harmonisches Fließen in Ihrer Gefühlswelt einstellen. Sie durchforsten, sortieren und reinigen allmählich Ihren Emotionalkörper. Ein wenig verhält es sich dabei wie mit Aufräum-, Entrümpelungs- oder Reinigungsarbeiten: Immer wieder werden Sie auf Altlasten stoßen, die erst einmal besondere Aufmerksamkeit benötigen.

Wichtig ist hierbei vor allem, dass Sie das Ziel nicht aus den Augen verlieren: Sie wollen den Dschungel nach und nach durch Ihre Aufmerksamkeit durchleuchten und Ihre Gefühlswelt dadurch in ein sinnvolles, lebendiges und harmonisch fließendes Ganzes transformieren. Mit diesem Ziel vor Augen lässt sich das an manchen Stellen einfach nötige Durchhaltevermögen aufbringen.

Nur drei höfliche Floskeln

Das Ritual, Kernstück der Gefühle-sind-wie-Gäste-Methode, besteht aus nichts weiter als drei höflichen Floskeln, mit denen Sie Ihre Gäste ansprechen. Sie haben richtig

Tipp: Üben zu jeder Zeit, an jedem Ort?

Je weiter Sie sich darin üben, Ihre Aufmerksamkeit auf sich und Ihre Innenwelt zu richten, desto leichter gelingt es Ihnen bald an allen möglichen Orten zu allen möglichen Zeiten. Meiner Erfahrung nach dauert es jedoch Wochen, wenn nicht Monate regelmäßigen Übens, bis es auch an belebten Orten wie in der Straßenbahn, im Restaurant oder auch inmitten des Familientrubels klappt. Experimentieren Sie ruhig damit, die Übungen auch in anderen Situationen durchzuführen. Mit der Zeit wird es sogar sehr nützlich werden, plötzlich aufkommende Emotionen in ungewohnten oder überraschenden Situationen mit dem Gästeritual zu behandeln.

Auch wenn Sie diesbezüglich Fortschritte erzielen: Bleiben Sie bei der Gewohnheit, regelmäßig einige Zeit ganz ungestört für sich zu üben. Kehren Sie immer wieder zu einem geschützten Raum und einer festen Zeit zurück, dem Termin mit sich selbst.

gelesen, nichts weiter als drei höfliche Floskeln – nämlich:

- »Hallo!«
- »Herzlich Willkommen.«
- »Danke.«

Wie soll denn das funktionieren? Vertrauen Sie in die schon beschriebene Magie der Worte und lassen Sie sich durch die drei einzelnen Phasen führen.

Das Ritual und seine drei Phasen

Auf den folgenden Seiten finden Sie das Ritual detailliert und mit praktischen Übungen schrittweise beschrieben. Als geführte Meditation finden Sie es im Ganzen auch auf der CD als Track 2. Der Unterschied liegt vor allem darin, dass im Text ausführlich auf die Wirkungsweise der so einfachen Übungen eingegangen wird. Genauer zu verstehen, was bei der Methode passiert, kann hilfreich sein, wenn Sie zu Blockaden oder Zweifeln neigen, oder aber auch, wenn Sie einfach mehr darüber wissen möchten.

Unser erster Gast: »Gefühl X«

Sie können gleich mit einem Gast üben, den Sie schon einmal mit einer der vorigen Übungen identifiziert haben. Dabei spielt es keine Rolle, ob dieser Gast jemand ist, der sich schon seit einiger Zeit deutlich zeigt und mit dem Sie endlich arbeiten möchten, oder jemand, den Sie eben erst bemerkt oder kennengelernt haben. Spüren Sie in sich hinein, ob Sie solch einen Gast erkennen können. Vielleicht erscheint genau in diesem Moment auch ein anderer Gast viel deutlicher. Ist er Ihnen noch unbekannt, dann finden Sie einen Namen für diesen Gast und machen Sie nun mit ihm weiter. Beim

Erklären des Ablaufs soll Ihr Gast, wer immer es sei, jetzt »Gefühl X« genannt werden.

Sie werden den Gast im Weiteren mit höflichen Worten und Ihrer individuellen Bezeichnung für »Gefühl X« ansprechen. Sie können die Worte entweder laut sprechen oder aber ganz bewusst denken, etwa wie man lautlos ein Gebet spricht. Welche Variante Sie wählen, bleibt Ihnen überlassen. Probieren Sie am besten beides aus, dann werden Sie spüren, was für Sie individuell eine bessere Wirkung bringt.

Erste Phase – Begrüßen und Benennen: »Hallo«

Vielleicht erscheint Ihnen diese Methode als zu einfach, doch probieren Sie es aus. Die Kraft von Worten und fokussierter Aufmerksamkeit kann sehr viel bewirken. Und so geht es zunächst nur darum, dem Gefühl Hallo zu sagen.

Aufmerksamkeit statt Konzentration

Seine Aufmerksamkeit auf etwas zu richten, heißt nicht, sich zu konzentrieren. Konzentration bedeutet, dass wir unseren Sinnen eine ganz bestimmte Ausrichtung geben, weil wir ein bestimmtes Ziel verfolgen. Aufmerksamkeit heißt dagegen, dass wir unsere Sinne

Übung: Teil 1 des Gästerituals

* Sie sitzen wieder bequem an einem ruhigen, ungestörten Ort und richten Ihre Aufmerksamkeit für ein paar Momente auf Ihren Atem.
* Wenden Sie Ihre Aufmerksamkeit nun Ihrem ersten Gast zu – möglichst ohne Ziel und ohne Wertung.
* Wenn sich Ihr Gast noch nicht zeigt, verfahren Sie geduldig wie ab Seite 50 beschrieben, bis Sie ihn wahrnehmen.
* Nun sprechen Sie – laut oder in Gedanken – die Worte: »Hallo, Gefühl X«. (Sie ersetzen diesen Ausdruck durch den Namen, den Sie Ihrem Gast gegeben haben.) Wenn Ihnen die Anrede »Hallo« nicht gefällt, wählen Sie eine andere höfliche Anrede, die Sie gewohnt sind und die Ihnen entspricht, sei es »Guten Tag«, »Hi«, »Grüß Gott« oder was auch immer.
* Seien Sie achtsam dafür, ob Ihre Begrüßungsworte bereits etwas verändern – etwa den Gast deutlicher erscheinen lassen.

Die Wirkung von Achtsamkeitsübungen

Achtsamkeitsübungen haben ihren Ursprung in östlichen Traditionen, allen voran dem Buddhismus. Seit tausenden Jahren widmen sich Meditierende in Fernost, seit dem letzten Jahrhundert aber auch verstärkt in westlichen Gesellschaften, in vielfältiger Weise der Achtsamkeit als dem bewussten, wertfreien Wahrnehmen dessen, was ist. Achtsamkeitsübungen haben in den letzten Jahren auch immer größeres Interesse bei Psychologen, und zwar bei Forschern wie bei Therapeuten gefunden. Sie sind mittlerweile Standard in vielen Psychotherapiekonzepten. Selbst die wissenschaftlichen Artikel zu diesem Thema haben sich in den letzten zehn Jahren

vervielfacht. So sind wir mittlerweile in der glücklichen Lage, zu wissen, welche positiven Effekte diese Art von Übung hat. Es sind nicht nur heilsame Wirkungen auf psychische Beschwerden belegt, sondern auch positive Effekte auf gesunde Menschen sind mittlerweile wissenschaftlich fundiert. Die Ergebnisse der Forscher lassen sich wie folgt auf einen vereinfachenden Nenner bringen:

* Achtsamkeitsübungen führen zu langfristiger psychischer Stabilität, Entspannung, Stressabbau und besserem Umgang mit leidvollen Situationen.

* Ängstlichkeit und grüblerische Gedanken nehmen ab, Mitgefühl und Empathie für andere sowie Selbstfürsorge nehmen zu.

in einer offenen Haltung, ohne ein bestimmtes Ziel, ohne eine Erwartung, auf etwas richten. Was wir

dort wahrnehmen, wissen wir noch nicht. Und wenn wir es wahrnehmen, werten wir es nicht.

Achtsame Ausrichtung

Das direkte Ansprechen und Begrüßen des Gefühls bewirkt unmittelbar eine Vertiefung der aufmerksamen Ausrichtung auf diesen Gast. Es ist ein erster Schritt in Richtung »annehmen« anstelle von »loswerden wollen«, eine erste Bereitschaft, sich den Gast vorurteilsfrei näher anzusehen, und damit bereits eine Vertiefung der Wahrnehmung.

Da wir nicht fokussiert oder konzentriert sind, sondern in einer offenen Haltung erfahren, was in oder um uns vorgeht, lässt sich das auch mit dem Begriff Achtsamkeit bezeichnen. Und was Sie hier an Anregungen finden, sind letztlich alles Achtsamkeitsübungen.

Die Wirkung der Worte

Aber nicht nur die Achtsamkeit auf den Gast wirkt hierbei heilsam, sondern auch das Aussprechen der Worte. Sie erinnern sich: Die Verwendung von Worten entfaltet Wirkung, ohne dass wir dies beabsichtigen müssen. Das Schöne an diesem Ritual ist also: Wir müssen uns nicht anstrengen, es besonders gut oder richtig, geschweige denn perfekt zu machen. Wir müssen uns überhaupt nicht anstrengen. Wir müssen auch keine besondere Intensität oder Leidenschaft dafür aufbringen. Wir müssen nicht einmal daran glauben. Wir tun es einfach.

Und Gefühl X?

Was sagt nun der höflich begrüßte Gast dazu? Gefühl X wird auf jeden Fall verwundert sein über die plötzliche Aufmerksamkeit. Wie es damit umgeht, ist eine Frage seines Charakters. Es wird sich entweder bereits jetzt ein wenig beruhigen oder aber endlich die Chance für seinen großen Auftritt gekommen sehen. Beidem können wir gelassen entgegenblicken. Denn wir gehen zu Phase zwei des Rituals über, in der es darum geht, das Gefühl – ob wir es mögen oder nicht – willkommen zu heißen.

Zweite Phase – Raum geben: »Willkommen«

Sie werden nun im Grunde nichts weiter tun als – laut oder innerlich – die Worte »Herzlich Willkommen, Gefühl X« sagen, natürlich mit dem Namen Ihres Gefühls. Das ist schon Teil 2 des Rituals.

Die »goldene Mitte« des Rituals

Diese Phase darf länger dauern als die Begrüßungsphase. Sie ist die »goldene Mitte«, das Kernstück unseres Rituals. Sie beginnen die Übung zwar mit einer empfohlenen Länge von fünf bis zehn Atemzügen. Letztlich dauern die Phasen aber genau so lange, bis Sie den Impuls spüren, weiterzugehen.

Vielleicht geschieht bei den ersten Übungsversuchen noch nicht sonderlich viel. Bleiben Sie mit Ihrer Achtsamkeit bei dem Gast, den Sie gerade herzlich willkommen geheißen haben. Es ist sehr wahrscheinlich, dass Sie dabei den Eindruck bekommen, dass er anfängt, deutlicher zu werden, sich auszubreiten und mehr Raum einzunehmen. Eine normale Reaktion, wenn man herzlich willkommen geheißen wird, oder? Wenn man an Sie beim Betreten eines Raumes solche Worte richtet, ist es doch auch ziemlich wahrscheinlich, dass Sie Ihre Jacke ablegen (also deutlicher sichtbar werden), einen Sitzplatz (also Raum) einnehmen und Ihre Handtasche, Ihren Rucksack, Ihren

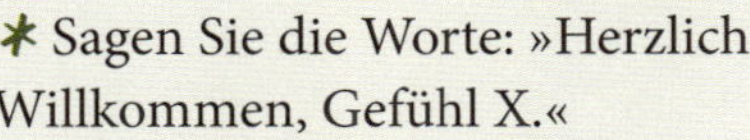

Übung: Teil 2 des Rituals

* Sagen Sie die Worte: »Herzlich Willkommen, Gefühl X.«
* Bleiben Sie nun etwa fünf bis zehn Atemzüge lang in dem Zustand des wertfreien Wahrnehmens, der Achtsamkeit.
* Nehmen Sie dabei einfach in Ruhe wahr, was geschieht.

Tipp: Wenn »zu wenig« geschieht

Falls Sie den Eindruck haben, dass immer noch zu wenig geschieht: Forcieren Sie nichts. Sie können den Gast nicht hereinzerren. Sie können nur Platz für ihn schaffen. Atmen Sie ruhig weiter einige Male tief ein und aus, und stellen Sie sich vor, Sie würden das Gefühl ein- und ausatmen. Dadurch kommt Bewegung in Ihre innere Vorstellungswelt, und die natürliche Bewegung des Gefühls wird erleichtert.

Aktenkoffer oder was auch immer neben sich abstellen (sich also ein wenig ausbreiten).

Sympathische Gäste

Wenn Sie gerade mit einem schönen Gefühl wie Fröhlichkeit, Verliebtheit, Freude, Zufriedenheit oder Ähnlichem arbeiten, dann ist jetzt der Zeitpunkt gekommen, an dem Sie die Ausbreitung eines solchen Gefühls in vollen Zügen genießen dürfen. Seltsamerweise fällt es vielen von uns nicht einmal bei den sogenannten positiven Gefühlen ein, ihnen Zeit und Raum zu geben. Wir genießen Speisen, Kaffee, Alkohol, Kino, Sauna und vieles mehr – wann aber genießen wir Freude pur? Wer von uns sitzt einfach da und erfreut sich an einem schönen Gefühl? Kaum jemand. Und warum? Weil wir in dem Irrglauben aufgewachsen sind, Glück und Freude seien etwas, was wir nur bekommen können, wenn wir etwas oder jemanden bekommen. Dabei sind diese Zustände bereits natürlicherweise in uns. Regt sich bei Ihnen Widerstand: »Wie soll ich denn ohne irgendjemanden, ohne irgendetwas glücklich oder freudig werden?« Sie werden im Verlauf der Übungen und beim Weiterlesen allmählich die Antwort auf diese Frage finden.

Positive Gefühle im Alltag

Eine kleine Übung lässt sich gut in den Alltag, ins ganz normale Geschehen einbauen. Wann immer Ihnen etwas passiert, was sich richtig gut anfühlt, genießen Sie es und verankern Sie es tief in sich:

- Genießen Sie bewusst das Berührt-Werden von einem Sonnenuntergang, statt sofort nach dem Fotoapparat zu suchen.
- Spüren Sie die Kraft, die durch die Freude über ein Lob entsteht, und sagen Sie einfach »das freut mich«, statt Ihren Beitrag wortreich bescheiden- und kleinzureden.

Kein »Das war doch nichts, ich habe doch nur …«!

- Lassen Sie bei der Kaffeepause einmal den Kaffee weg und genießen Sie stattdessen tatsächlich das Gefühl von Ruhe und Entspannung, das eine Pause schenken kann (und eigentlich soll).

Unsympathische Gäste

Wenn Sie gerade einen der »Unsympathen« begrüßt und herzlich willkommen geheißen haben, wird es schwieriger sein, ihn sich ausbreiten zu lassen. Versuchen Sie es dennoch.

Übung: Positive Gefühle genießen

Wenn Sie Freude oder Ähnliches verspüren, ist die Gelegenheit da, nichts weiter zu tun als Ihr schönes Gefühl zu genießen:

- Lassen Sie zu, dass sich das Gefühl in Ihnen ausbreitet.
- Welche Energie enthält es, eine beruhigende oder belebende?
- Lassen Sie sich davon durchströmen und füllen. Vielleicht können Sie bereits jetzt feststellen, wie sich verspannte oder müde Teile Ihres Körpers dadurch entspannen oder beleben.
- Lassen Sie sich Zeit, genießen Sie, solange Sie möchten.

Ich meine damit nicht, dass Sie irgendetwas tun, leisten oder sich anstrengen müssen. Versuchen heißt: Nehmen Sie wahr, inwieweit Sie momentan zulassen können, dass das Gefühl deutlicher, größer und intensiver wird. Probieren Sie es etwa fünf bis zehn Atemzüge lang.

Einen neuen Prozess in Gang setzen

Falls Sie den Eindruck haben, dass es irgendwie nicht klappt, weil sich nichts tut, Sie nichts wahrnehmen können oder Ihre Gedanken sofort abschweifen – lassen Sie sich nicht entmutigen, denn: Durch die »magischen Worte« haben Sie bereits einen inneren Prozess angestoßen. In Ihrem System ist die Information angekommen, dass unerwünschten Gefühlen anders begegnet werden kann als bisher. Worte, die Sie aussprechen, beeinflussen direkt Ihr Unterbewusstsein. Sie haben nun einen Prozess in Gang gesetzt, der darauf abzielt, anders als bisher mit Ihren Gefüh-

len umzugehen. In Ihrem Unterbewusstsein spricht sich gerade herum, dass es auch möglich ist, wertzuschätzen statt zu werten, sich zu öffnen statt sich zu verschließen. Und nach allem, was heute über die Macht des Unterbewusstseins bekannt ist, haben Sie allen Grund, darauf zu vertrauen, dass dieses Unterbewusstsein nun selbstständig an und mit diesen neuen Gedanken arbeiten wird.

Völlig grässliche, inakzeptable Gäste

Es kann auch sein, dass Sie Ihren Gast so abscheulich finden, dass Sie es nicht über sich bringen, ihn mit den Worten »Herzlich Willkommen« anzusprechen. »Warum sollte ich solch einen Widerling, solch ein Scheusal auch noch herzlich willkommen heißen?« Warum es von Vorteil ist, ein Gefühl nicht zu bewerten, sondern es einfach wahrzunehmen, darüber haben Sie theoretisch bereits einiges erfahren. Ein Teil von Ihnen

Solange ein Widerstand da ist, arbeiten Sie mit ihm wie folgt:

* Wählen Sie den Begriff (»Widerstand«, »Grauen«, »Abwehr« …), der am besten zu dem passt, was gerade in Ihnen ist, und führen Sie damit die erste und zweite Phase des Rituals durch.

* Dann sagen Sie zum Beispiel: »Hallo, Widerstand dagegen, meine Angst vor dem Verlassenwerden willkommen zu heißen« oder »Herzlich Willkommen, Abwehr dagegen, meine unbändige Wut auf meinen Chef willkommen zu heißen.«

* Es entsteht ein zu langer Wort-Wurm? Dann schreiben Sie sich die Formulierung auf und lesen Sie sie einfach ab.

lässt sich davon im Moment aber nicht überzeugen. Wichtig ist: Werten Sie auch diesen Teil von Ihnen nicht. Er hat seine Gründe. Es ist sinnlos, sich zwingen zu wollen. Und es ist auch nicht nötig.

Der Widerstand geht vor

Manchmal muss der Gast »Gefühl X« eben warten, bis Sie für ihn bereit sind. Jetzt ist erst einmal ein anderer Gast dran. Er heißt: »Widerstand dagegen, Gefühl X willkommen zu heißen«. Auch Widerstand ist ein Gefühl! Vielleicht möchten Sie ihn lieber anders oder genauer bezeichnen, etwa: »Grauen vor Gefühl X« oder »Angst, Gefühl X zu fühlen«. Auch der Widerstand ist weder gut noch schlecht. Er war einfach – bisher jedenfalls – Ihre einzige Chance, sich vor Gefühl X zu schützen. Die Widerstände, sich bestimmten Gefühlen zu nähern, werden sich allmählich auflösen, je mehr Vertrauen Sie in die Funktionsweise des Rituals gewinnen.

RITUAL

Dritte Phase – Würdigen und sich Öffnen: »Danke«

Der letzte Teil des Rituals besteht lediglich darin, dass wir uns bei Gefühl X bedanken. Haben Sie ein als positiv bewertetes Gefühl genossen, so wird Ihnen der Dank nicht schwerfallen. Haben Sie es dagegen mit einem Unsympathen bis hierher geschafft, mag sich vielleicht an dieser Stelle Widerstand regen: »Wofür, bitteschön, soll ich diesem Typen nun auch noch dankbar sein?!«

Warum den Gefühlen danken?

Der Dank ist ein so wertvolles Mittel im Umgang mit uns selbst und unseren inneren Vorgängen, dass ihm ein eigenes Kapitel gewidmet ist (siehe Seite 122). Daher soll hier nur kurz umrissen werden, welcher Wert darin liegt, auch unseren »unguten« Gefühlen zu danken.

Wir haben bereits gesehen, dass Gefühle letztlich nützliche, lebensnotwendige Signale unseres Körpers beziehungsweise Unterbewusstseins sind. Werden die ursprünglichen Gefühle unterdrückt, neigen sie dazu, allerlei Verkleidungen zu verwenden, um sich doch zu zeigen. Es mag für Sie bei einigen Gefühlen zu früh sein, diese Verkleidungen zu durchschauen. Dann regt sich Widerstand dagegen, diesem einfach nur unangenehmen Gefühl zu danken.

Übung: Teil 3 des Rituals

Nachdem Sie das Gefühl begrüßt und willkommen geheißen haben, folgt der dritte Teil des Rituals.

* Sprechen Sie die Worte »Danke, Gefühl X«, wobei Sie wieder Ihren individuellen Namen für das Gefühl nutzen.

* Spüren Sie nach, was sich nun seit Beginn des Rituals in Ihnen verändert hat.

Sich für das Geschenk öffnen

Wie beim »Herzlich willkommen«
geht es auch beim Dank darum,
durch Aussprechen der Worte eine
Richtungsänderung im Unterbewusstsein anzustoßen. Diese Richtung heißt hier: »Ich öffne mich für
die Möglichkeit, dass auch dieses
unangenehme Gefühl einen Sinn
enthält. Welchen, weiß ich zwar
noch nicht. Ich bin aber dankbar,
dass es sicherlich auch etwas Gutes
für mich will oder bewirkt.«
Das Unterbewusstsein nimmt dann
bereits wahr: »Da ist etwas, für das
ich dankbar bin – also muss doch
eine Belohnung, ein Geschenk
dahinter sein!« Folglich wird es
nach einer Lösung für das Problem
suchen. Weil Ihr Unterbewusstsein
nun schon darauf programmiert
ist, die lohnende Problemlösung
zu finden, wird es versuchen, alternative Wege zu finden: Kann man
da auch anders fühlen? Kann man
sich da auch anders verhalten?
Kann man es sich nicht auch leichter damit machen?

Den unbewussten Navigator starten

Stellen Sie sich vor, Sie stehen
am Rand eines finsteren Waldes.
Wollen Sie da hinein? Kaum. Sobald Sie jedoch wissen, dass sich
auf der anderen Seite eine schöne Belohnung befindet, werden
Sie sich Ihren Weg suchen. Zer-
brechen Sie sich jetzt nur nicht
den Kopf darüber, welchen Sinn
Ihre Angst oder Ihre Eifersucht
hat. Der Navigator durch diesen
Wald ist nicht Ihr Verstand. Nehmen Sie wahr, wie mit der Zeit
neue Gefühle und Handlungsimpulse auftauchen. Der Sinn Ihres
Gefühls wird sich nun, nachdem
Sie sich ihm geöffnet haben, bald
selbst offenbaren.

Ein Beispiel für ein Geschenk

Emma ist in letzter Zeit immer öfter völlig erschöpft. Sie hat schon einige Male überlegt, sich krankschreiben zu lassen, weil sie das Gefühl hatte, die Arbeit erdrücke sie. Dabei arbeitet sie von der Stundenzahl her nicht mehr als die anderen und achtet auf genügend Schlaf und gute Ernährung. Eine Krankschreibung wäre für die gewissenhafte Angestellte eine große Überwindung.

Sie führt das Ritual mit dem Gefühl »Erschöpfung« durch und ist erstaunt darüber, dass sofort Wut in ihr aufsteigt. Wut ist etwas, das sie eigentlich als ein eher unwürdiges Gefühl empfindet, denn so hat sie es in ihrem sehr gefühlskontrollierten Elternhaus gelernt. Als sie sich überwindet und die Wut willkommen heißt, wird diese deutlicher: Sie betrifft eine Kollegin, die es immer wieder unter fadenscheinigsten Ausreden schafft, Emma Arbeiten aufzudrücken, um selbst ihre Pausen verlängern zu können. Emma hatte bisher keine andere Reaktion parat, als gekränkt, aber schweigend die Arbeiten zu übernehmen. Nun spürt sie sofort den Impuls, die Kollegin beim nächsten Mal anzusprechen. Und sie stellt erfreut fest, dass die Erschöpfung bereits größtenteils gewichen ist.

Am nächsten Tag in einer entsprechenden Situation reagiert sie spontan, indem sie zu der Kollegin sagt: »Ich denke, du schaffst diese Aufgabe ganz gut selbst, wenn du dir deine Zeit richtig einteilst.« Der erstaunten Kollegin fallen keine Widerworte ein, sie erledigt die Arbeit selbst. Emma spürt, wie sich Energie in ihr ausbreitet: Sie hat die Kraft, ihre Grenzen zu verteidigen, in sich entdeckt.

Danke und tschüss?

Achtung: »Danken« heißt nicht »Verabschieden«. Es ist nicht die Hintertür, durch die Sie das unerwünschte Gefühl nun doch entsorgen können. Wer einmal erfahren hat, dass unangenehme Gefühle oft verschwinden, nachdem im Ritual der Dank ausgesprochen wurde, lässt sich womöglich zu dem falschen Schluss verleiten, »Danke« bedeute zwingend immer auch gleich »Tschüss«.

»Ich weiß nicht, was ich falsch mache, die Freude will einfach nicht gehen«, klagte eine Kursteilnehmerin. Ich fragte erstaunt, warum Freude denn weggehen sollte – so kam das Missverständnis zutage. Freude darf natürlich bleiben, ebenso Liebe, Glück, Frieden und Kraft. Es ist nur logisch, dass sie sich nicht von uns verabschieden. Schließlich handelt es sich um unsere natürlichen Zustände, die eintreten, wenn wir frei von Angst und allen anderen Arten von »negativen« Gefühlen sind.

Aber auch die unangenehmen Gäste verabschieden wir nicht. Sie lösen sich von selbst auf, sobald sie ihre Mission erfüllt haben – wenn wir sie beachtet, ihre Botschaft gehört und ihnen gedankt haben.

Emotionale Ketten

»Nanu, da steht ja schon der nächste Gast? Eben war ich noch so angespannt, jetzt fühle ich mich plötzlich so traurig.« »Gerade noch so müde, jetzt plötzlich so unruhig?« Was nun? Sie wiederholen das Ritual nun einfach mit dem nächsten Gast, und mit dem nächsten – so lange, bis es genug ist. Vielleicht hören Sie auf, wenn Sie keine Zeit mehr haben, wenn Sie sich mit der Übung überfordert fühlen – oder wenn das Ende der Kette für diesmal erreicht ist.

Die innere Logik der Ketten

Die Schlangen von Gästen, also die Reihenfolge, in der sich die Gäste zeigen, nenne ich »Ketten«.

Interessanterweise weist die Abfolge der Gefühle in der Regel ein bestimmtes Muster auf. Die Gefühle wandern nämlich zum Beispiel auf der »Landkarte«, die später noch genauer beschrieben wird, grundsätzlich nach innen. Ist die Mitte erreicht, endet die Kette.

Am besten erkunden Sie zunächst beim Üben einmal Ihre eigene Gefühlslandschaft. Sie werden selbst genau spüren, wenn eine Kette zu Ende ist – nämlich dann, wenn Sie eines der folgenden Gefühle haben, oder besser gesagt einen der folgenden Zustände erreichen: Frieden, Freude, Stille, Liebe, Einheit, Angekommensein, Wärme, Geborgenheit, Verbundenheit, Kraft, Glück, Mut, Mitgefühl, Zeitlosigkeit.

Von der Erschöpfung zur Kraft

Hannah suchte Rat, wie sie sich bezüglich ihrer schon jahrelang dauernden, zermürbenden Scheidung verhalten solle. Ich schlug ihr vor, zunächst in sich hineinzuspüren und eine Empfindung zu benennen. Statt der erwarteten Erschöpfung spürte sie starke Rückenschmerzen. Nachdem die willkommen geheißen wurden, erinnerte sich Hannah daran, dass sie in dieser Region ziemlich genau seit dem Umzug zu ihrem Mann kurz nach der Heirat Verspannungen hatte. Schlagartig wurde ihr bewusst, dass sie mit diesem Umzug einen großen Teil ihrer bisherigen Kraftquellen eingebüßt hatte: Heimat, Großfamilie und Beruf. Diese Erkenntnis war sehr enttäuschend. Doch nachdem wir auch diesem Gefühl genügend Raum gegeben hatten, verspürte Hannah zum ersten Mal seit Langem wieder Lebensfreude und Kraft. In der Folgezeit nutzte sie ihre neue Kraft, um weitaus gelassener und sachlicher als bisher ihre Forderungen im Scheidungsverfahren zu verfolgen.

* Fragen Sie sich: Was fühle ich bei diesen Eindrücken?

* Wenn Sie hierauf keine Antwort bekommen (was anfangs leicht möglich ist), führen Sie das Ritual mit dem Bild, der Situation, oder was auch immer aufgetaucht ist, durch. Wieder ohne Wertungen und Glaubenssätze – diese müssten Sie zunächst umformulieren (Seite 46).

* Nehmen Sie wahr, ob der nächste Gast ein Gefühl oder wieder ein Vermittler ist. In der Regel taucht nach zwei bis drei Durchgängen ein konkretes Gefühl auf.

(Schein-)Hindernisse

Zuweilen tauchen beim Üben Widerstände auf: »Bei mir funktioniert das nicht, weil …« Im Folgenden geht es darum, wie Sie ihnen mithilfe anderer Gedanken den Wind aus den Segeln nehmen.

»Es kommen nur Bilder, Gedanken, Situationen.«

Manchmal erscheint es einem spätestens nach dem zweiten Gast einer Kette unmöglich, ein konkretes Gefühl zu erkennen. Stattdessen tauchen zum Beispiel Erinnerungen auf, zu denen aber kein Gefühl greifbar ist. Oder man sieht vor dem geistigen Auge Bilder, von denen man nicht weiß, was sie mit dem eigentlichen Thema zu tun haben. Plötzlich sieht man etwa vor dem inneren Auge einen Frosch auf einem Kochtopf sitzen – so ein Blödsinn, oder?

Diese Erscheinungen sind auch Gäste, und zwar besonders nützliche: Sie vermitteln zwischen Ihnen und den Gefühlsgästen, wenn Ihr Inneres noch nicht bereit ist, sich dem eigentlichen Gefühl zu stellen.

»Die Sache ist viel zu kompliziert.«

Ihre emotionale Situation ist zurzeit viel zu kompliziert? Sie wissen gar nicht, wo Sie anfangen sollen, die Gedanken schießen nur so kreuz und quer? Vielleicht sind Sie hin- und hergerissen, ob Sie eine Sache nun so oder so sehen sollen. Vielleicht spielen gefühlte hundert verschiedene Aspekte in Ihr Problem hinein. Vielleicht kommt auch einfach alles zusammen: Trennung, Krankheit, finanzielle Probleme, Ärger im Job … Auch für komplizierte Situationen gibt es die passende Vorgehensweise.

Übung: Das Ritual in schwierigen Phasen

* Schreiben Sie zunächst alles auf, was Ihnen zu Ihrem Thema, zu Ihrer Situation einfällt.

* Nehmen Sie sich danach ein paar Minuten Zeit, in denen Sie nichts tun, allenfalls Ihren Atem wahrnehmen. Beginnen Sie dann wieder mit dem Wahrnehmen und Benennen des Gastes. Sollten Sie immer noch ein zu starkes Durcheinander verspüren, um sich auf den ersten Gast einstellen zu können:

* Versuchen Sie, sich aus dem Niedergeschriebenen eine Liste zu erstellen, etwa: 1. Trennung, 2. Schulden, 3. neuer Kitaplatz …

* Fragen Sie sich nun, welcher Gliederungspunkt als Erstes bearbeitet werden sollte. Bekommen Sie keine eindeutige Antwort, gehen Sie nach der Liste vor.

* Gehen Sie mit Ihrer Aufmerksamkeit zum ersten Gliederungspunkt und erkunden Sie den ersten Gast, indem Sie fragen: »Was ist das für ein Gefühl, wenn ich an die Trennung denke?«

* Nun folgt das Ritual, solange es Ihnen stimmig erscheint.

»Ich denke, ich fühle …«
– und es geht nicht weiter

Blockaden in Gefühlen oder in der Arbeit mit Gefühlen entstehen oft dann, wenn sich der Verstand einschaltet. Sie erkennen dies, wenn sich beim Üben Gedanken einstellen wie zum Beispiel:

- »Das kann ja überhaupt nicht sein, weil …«
- »Das ist jetzt Quatsch …«
- »Es muss doch sein, dass …«
- »Ich denke, ich fühle …«

Spätestens wenn wir nur noch denken, dass oder wie wir fühlen, ist es an der Zeit, die umgekehrte Richtung einzuschlagen, nämlich wieder zu fühlen statt zu denken. Allerdings haben wir früh gelernt, zu antworten, was man von uns erwartet, anstatt zu spüren, was uns entspricht. Und so kommt uns der Kopf auch in die Quere, wenn wir wirklich fühlen wollen.

Letztlich ist es Übungssache. Erinnern Sie sich immer wieder daran, zu fühlen statt zu denken. Mit der Zeit wird es immer besser gelingen. Ich erlebe es auch bei meinen Kursteilnehmern, dass sie mir als Feedback zu den Übungen geben: »Wie gut, dass du an dieser Stelle gesagt hast: ›Denk dir die Antwort auf deine Themen nicht im Kopf, sondern lass sie von innen kommen.‹ Ich hatte eigentlich schon eine Antwort, aber als ich dann noch mal nach innen gespürt habe, habe ich gemerkt, dass ich mir die nur ausgedacht hatte. Von innen kam eine ziemlich überraschende Information, die aber sehr viel stimmiger ist!«

Wir können an folgenden Wahrnehmungen erkennen, dass wir auf dem richtigen Weg sind:

- Im Kopf wird es eher ruhig.
- Wir suchen nicht mehr aktiv. Wir warten passiv, bis eine Lösung oder Klarheit erscheint.
- Diese Klarheit kommt von selbst von irgendwo her: Manchmal scheint sie plötzlich anzuschweben, meist bildet sie sich in der Bauch- oder Herzgegend.

Man bekommt zuweilen den Eindruck, man sei eine Leinwand, auf der etwas erscheint. Die Leinwand trägt nichts weiter dazu bei, als da zu sein. Was wir hier allmählich verfeinern, ist unser Kontakt zu unserem Unterbewusstsein, mit anderen Worten unserer Intuition. Und auch unter diesem Aspekt hilft uns die Vorstellung, Gefühle seien Gäste: Wenn wir uns auf dieses Bild einlassen, akzeptieren wir die Tatsache, dass etwas in uns erscheint, das wir mit unserem Verstand weder hereingebeten haben noch wieder hinauswerfen können. Vielmehr ist es etwas, das außerhalb unseres Verstandes in uns entstanden ist und dem wir auch besser mit Mitteln außerhalb des Verstandes begegnen.

»Immer diese falschen Glaubenssätze!«

»Schon wieder dieser blöde Glaubenssatz«, schimpfte Marta, eine Kursteilnehmerin bei der wieder

einmal das »Gefühl, nicht genug zu leisten« – in Wirklichkeit natürlich ein falscher Glaubenssatz – auftauchte. »Wie werde ich das Ding denn endlich los?« Wie schon beschrieben geht es beim falschen Glaubenssatz darum, das Gefühl zu erkennen, das dahinter liegt. Warum gibt es diese lästigen Glaubenssätze überhaupt? Ganz einfach: Es gibt sie, weil und solange wir das Gefühl, das dahinter steht, noch nicht ertragen können. Meist ist es nämlich ein recht schmerzhaftes Gefühl. Die Erkenntnis »Egal was ich tue, ich werde sowieso nie Anerkennung von meinen Eltern bekommen« ist beispielsweise schon eine schwere Kröte, die man irgendwann einmal schlucken musste. Vor allem, wenn man Anerkennung mit Liebe gleichsetzt. Das tun jedoch die meisten Kinder, die einfach noch nicht in der Lage sind, Gefühle der Zuneigung zu differenzieren. Aber auch viele Erwachsene unterliegen diesem Irrtum nach wie vor.

Zu erkennen, dass die Eltern einen zwar lieben, aus ihrer eigenen Geschichte heraus aber nicht in der Lage waren oder sind, einem Anerkennung zu geben, ist schwierig. Tief im Inneren bleibt der Zweifel: »Lieben sie mich überhaupt?«, und daran schließt sich die Angst an: »Werde ich überhaupt geliebt? Vielleicht bin ich gar nicht liebenswert!« Selbst in Erwachsenen, die mit ihren Eltern auf irgendeine Weise längst »abgeschlossen« haben, lauern diese Zweifel und Ängste oft noch immer.

Dann ist es doch viel leichter, sich auf die Botschaft »Ich muss einfach noch mehr leisten, dann werde ich schon irgendwann geliebt« zu stürzen, als sich der Angst, vielleicht gar nicht geliebt zu werden, zu stellen. Der Glaubenssatz ist also eine Art Sichtschutz für die großen Ängste aus unserer Kindheit. Und man kann und sollte ihn auch erst entfernen, wenn man bereit ist, sich die schmerzhaften Gefühle dahinter anzusehen. Wann das der Fall ist? Das wissen Sie selbst am besten. Denn Sie sind weltweit der einzige Experte für Ihre ganz eigenen Gefühle. Vielleicht beantwortet sich Ihnen die Frage auch auf den nächsten Seiten, auf denen es um sehr schwierige Gefühle geht.

»Das Gefühl ist zu groß!«

Manche Gäste erscheinen uns von vornherein ungeheuer groß, einnehmend oder massiv zu sein. Wir können den Gedanken daran kaum ertragen und lenken uns lieber ab. Die Vorstellung, wir würden solche »Anwandlungen« sich auch noch in uns ausbreiten lassen, erscheint uns unerträglich. Die Schuldgefühle sind doch ohnehin schon erdrückend. Die Aggressivität halten wir gerade so unter Kontrolle. Vor Wut oder Stress fühlen wir uns wie ein Dampfkessel – wenn es mehr wird, platzen wir doch, oder?

Nein: Wir werden nicht platzen. Nehmen wir doch kurz unseren Verstand zu Hilfe. Das ist immer nützlich, wenn es gilt, die äußerlichen Gegebenheiten zu überprüfen. Wir kennen den Satz: »Der platzt gleich vor Stolz!« Die Vorstellung, dass ein Gefühl richtig Druck macht, wenn es sich ausbreitet, gibt es also auch bei positiven Gefühlen. Aber haben Sie je gehört, jemand sei tatsächlich vor Stolz oder Neid geplatzt, vor Angst vergangen, an Tränen erstickt?

Die Angst vor dem Gefühl entsteht aus Irrtümern

Diese Sorge oder Angst, ein Gefühl könnte Schaden anrichten, ist ein Irrtum. Sie entsteht aus zwei anderen Fehleinschätzungen.

Der erste Irrtum lautet: Wir sind unser Gefühl. Aber: Wir sind nicht unser Gefühl. Manchmal, wenn wir tief in einer mächtigen Emotion stecken, nehmen wir nichts anderes mehr von uns wahr. Wir sind zum Beispiel voller Wut und Hass. Gleichzeitig erschrecken wir darüber, dass von uns nichts mehr übrig zu sein scheint. Zuweilen ist

es dieses Erschrecken, das uns die Gefühle zurückdrängen lässt: »Das kann doch nicht ich sein, dieses brodelnde, tobende, lieblose Wesen!« Nein, das sind Sie auch nicht.

Sie sind die Kinoleinwand

Damit ist nicht gemeint, dass Sie keine Verantwortung für Ihre Gefühle oder Ihre Handlungen übernehmen sollten. Natürlich haben Sie die Verantwortung dafür – wer denn sonst? Was gemeint ist: Sie, also Ihr Wesenskern, das Unabänderliche in Ihnen, manche nennen es auch Seele – das existiert völlig unabhängig von Ihren Gefühlen. Darum wird es später noch ausführlicher gehen – aber ein Gedanke soll hier schon vorweggeschickt werden: Für Ihre Seele sind Gefühle schlicht Erfahrungen.

Wie soll man sich das vorstellen? Ein kraftvolles Bild hierfür ist wiederum die Kinoleinwand. Ungeheuerliche Bilder und Geschichten werden auf eine solche Leinwand projiziert, eine Fülle von Farben,

Gefühlen und Informationen. Die Leinwand selbst ist zwar Voraussetzung dafür, dass der Film präsentiert werden kann. Nimmt sie aber Schaden durch all die Panzer, die über sie rollen, die Sturmfluten oder Brandkatastrophen, die auf ihr zu sehen sind? Natürlich nicht. Genauso verhält es sich mit uns, also unserer Seele und den Gefühlen. Was auch geschieht: Sobald der Film ein Ende hat, erscheint die Leinwand wieder weiß.

Unbegrenzter Raum zum Fühlen

Damit kommen wir zum zweiten Irrtum, der da lautet: Der Raum, den wir für Gefühle haben, sei begrenzt. Aber der Emotionalkörper hat keine Grenzen. Der Raum, den wir zum Fühlen haben, ist unbegrenzt. Zunächst werden Sie zustimmen, dass Gefühle einen Raum, einen Ort, einen Platz brauchen. Irgendwo sind sie doch, oder? Und zwar irgendwo hier bei uns und nicht am anderen Ende der Welt. Die Sprache gibt schon einige Hinweise darauf: Wir haben Wut im Bauch oder Schmetterlinge. Ein Kloß sitzt uns im Hals, Angst im Nacken oder Stress im Kreuz. Etwas läuft uns über die Leber, uns schwillt der Kamm. Gefühle können wir an bestimmten Orten im Körper wahrnehmen. Falsch wäre es jetzt aber, daraus zu schließen, dass unsere Gefühlswahrnehmung auf unseren Körper begrenzt wäre. Das ist sie nicht. Sie haben ja sicher schon gespürt, wenn Ärger in der Luft liegt, oder so gute Laune gehabt, dass Sie beinahe Funken versprühten.

Wo sind also die Grenzen unserer Gefühlswahrnehmung, wenn es nicht die Körpergrenzen sind?

Jannis, 10 Jahre

Die Antwort ist: Es gibt keine. Denn Gefühle existieren in unserem Bewusstsein, und unser Bewusstsein ist nicht begrenzt. Wir können nicht nur von München nach New York telefonieren, sondern uns in München auch vorstellen, wir seien in New York. Wir können uns den Erdball vorstellen, nicht nur einen Globus. Wir lassen in Gedanken die Planeten unseres Sonnensystems um die Sonne kreisen und wissen, dass hinter dem letzten Planeten längst nicht Schluss ist. Wenn aber so große Räume und Objekte des Universums in unserem Bewusstsein Platz haben, dann wird doch erst recht jede Art von Gefühl hineinpassen. Toll, oder? Wenn Sie es gleich testen wollen, dann mit der Übung im Kasten gegenüber: Das Ritual mit dem »großen« Gast.

Weinen, Schreien – große Gefühle herauslassen?

Überkommt Sie das Bedürfnis, zu weinen, zu schreien oder Ähnliches? Falls ja: Unterdrücken Sie es nicht. Das haben Sie wahrscheinlich lange genug getan. Wenn Sie Sorge haben, gehört zu werden: Weinen, schreien oder schlagen Sie in ein Kissen. Halten Sie nichts fest! Es war anstrengend genug, den Dampf so lange im Topf und unterm Deckel zu halten. Dadurch ist der Druck ja erst entstanden. Jetzt hören Sie endlich auf, zu kämpfen.

> *»Ich ließ die Angst richtig zu – und da hörte ich, wie sie zu mir sagte: Ich mein's doch nur gut mit dir! Da war ich plötzlich wieder ganz ruhig.«*
>
> Markus, 38 Jahre

Dieses Ritual für schwierige Gefühle finden Sie als Meditation auf der **CD, Track 3.** Entweder steht schon ein alter Bekannter vor der Tür. Ihr dicker, schnaufender Problemgast, dem Sie täglich die Tür vor der Nase zuknallen und der sich doch immer wieder hereindrängt. Oder aber Sie laden sich einen Gast ein. Einen, der nur ab und zu auftaucht oder den Sie von früher kennen. Vielleicht ist es die Prüfungsangst, die Scham über unmoralische Gedanken oder frühere Fehler.

✱ Achten Sie beim Üben mit »großen« Gästen besonders darauf, dass Sie einen geschützten Raum zur Verfügung haben.

✱ Führen Sie wie gewohnt das Ritual durch. Wenn es Ihnen nicht möglich ist, diesen Gast zu begrüßen oder willkommen zu heißen, dann arbeiten Sie stattdessen mit dem, was Sie davon abhält, beispielsweise »Widerstand gegen Gefühl X« oder »Druck«.

✱ Wenn Sie plötzlich den Deckel vom Dampfkochtopf nehmen – Ihr Gefühl also anschauen und ihm Raum geben –, dann kann es erst einmal gehörig zischen. Vielleicht steigt in Ihnen erst einmal Panik oder Verwirrung auf. Besser, das passiert jetzt als in der Begegnung mit anderen. Denken Sie daran, weiterzuatmen.

✱ Beobachten Sie, wie sich Ihr Gast ausbreitet. Geben Sie ihm Raum, so als sagten Sie: »Schau, liebe Angst, wir haben das ganze Zimmer. Das reicht dir nicht? Na gut, breite dich aufs ganze Haus aus! Auf die ganze Stadt! Auf das Land! Über den Erdball! Das Sonnensystem! Unsere Milchstraße! In die nächste Galaxie!« Mir ist noch kein Gefühl begegnet, dem das nicht ausgereicht hätte!

Genießen Sie es, dass der Druck endlich heraus darf, dass Festgehaltenes endlich in Bewegung kommt. Ja, richtig, genießen Sie es: Endlich weinen, schreien, schlagen oder was auch immer. Lassen Sie die Tränen laufen und was immer da aus Ihnen heraus will. Und lassen Sie sich dafür Zeit.

Bis der Motor läuft

Eine Zeitlang dachten viele Menschen, auch Therapeuten, Gefühle würden sich dann auflösen, wenn man sie einfach herausließe. So einfach ist das aber nicht. Zwischen Nicht-mehr-Unterdrücken und Gezielt-Herauslassen gibt es noch etwas, die Wahrheit in der Mitte. Das Herauslassen ist nämlich gut, solange es die Herausbewegung und die Wahrnehmung des Gefühls fördert. Sie können sich das vorstellen wie den Anlasser beim Motor. Läuft die Kiste erst einmal, braucht man nichts mehr zu tun. Versucht man weiter, anzulassen, wird das System nur überdreht. Weinen und schrei-

en Sie also, weil Sie sich damit besser von Ihrer Gefühlswahrnehmung ablenken, ist es nutzlos. Es bringt nichts, wenn Sie gegen das Gefühl anweinen oder anschreien, um es weniger zu spüren. Am Nutzlosesten ist es, wenn Sie versuchen, damit etwas zu bewirken. Das kommt selten vor, wenn man allein ist, aber oft, wenn man ein Gegenüber hat – wenn jemand schreit, um den anderen einzuschüchtern oder wachzurütteln. Wenn jemand weint, damit der andere endlich mal sieht, wie schlecht es ihm doch geht. All das sind Verhaltensweisen, die uns nur weiter blockieren.

Wie aber können Sie das »gute« Weinen und Herauslassen vom »schlechten« unterscheiden? Am besten üben Sie einfach weiter und werden automatisch mit der Zeit lernen zu unterscheiden: Bringt das Weinen, Schreien, Schlagen etwas in Bewegung – dann lassen Sie es laufen. Blockiert das Weinen, Schreien, Schlagen etwas und hält Sie fest – dann lassen Sie es los und hören damit auf. Zusammengefasst wird es noch klarer: Sie tun einfach nichts, sondern lassen nur geschehen – dann ist es wirksam.

Große Gefühle sind Scheinriesen

Überprüfen Sie am Ende des Rituals noch einmal die Größe des Gefühls. Ist es noch so riesig, so druckvoll, so mächtig? Mit Sicherheit nicht. Es ist wohl noch da, in der einen oder anderen Gestalt, aber es ist deutlich handlicher geworden. Die meisten großen Gefühle sind nämlich Scheinriesen. Haben Sie als Kind auch die Geschichten von Jim Knopf und Lukas dem Lokomotivführer geliebt? Eine beeindruckende Gestalt dabei ist der Scheinriese Tur Tur. Je weiter entfernt man von diesem Herrn ist, desto größer erscheint er. Nur wer den Mut hat, sich ihm ganz zu nähern, erkennt seine wahre, nämlich ganz normale Größe. Jim und Lukas gehen in Michael Endes Geschichte mutig und offenen Herzens auf Herrn Tur Tur zu und befreien ihn dadurch aus seiner jahrelangen Einsamkeit. Nehmen Sie sich ein Beispiel daran und erlösen Sie Ihre eigenen Scheinriesen – wer in dieser Geschichte befreit wird, sind Sie selbst!

Wissenschaftliches über Scheinriesen

Dass der Mechanismus der Scheinriesen – je näher Sie ihn betrachten, desto kleiner wird er – auch auf Gefühle, sogar auf Schmerz zutrifft, ist inzwischen sogar wissenschaftlich nachgewiesen. Ein Team der Universitäten Gießen und Maastricht sowie der Harvard Medical School fand mithilfe von Kernspintomografen heraus, dass die Intensität von Schmerz nachlässt, wenn der Schmerzpatient die Wahrnehmung achtsam auf den Schmerz lenkt, ohne ihn zu bewerten.

»Es verschlingt mich!«

Wenn wir ehrlich sind: Es gibt nicht nur Unsympathen. Es gibt auch Monster. Glücklicherweise nicht alle von uns, aber doch einige kennen sie: Gefühle, Gedanken oder Vorstellungen, von denen wir den Eindruck haben, sie würden uns verschlingen, zerreißen, vernichten. Da ist beispielsweise die Angst, die von uns geliebten Menschen könnten uns verlassen und wir säßen da wie ein hilfloses Kind, ausgesetzt, nackt, emotional nicht mehr überlebensfähig. Wir fürchten, die Einsamkeit könnte dann über uns hereinbrechen wie ein einstürzendes Haus: Von uns, erstickt in den Trümmern, bliebe nichts übrig.

Bei anderen ist es vielleicht die Scham, etwas Verbotenes oder Unrechtes getan zu haben. Wir streiten ab, beschönigen und haben Angst, uns dem Thema zu stellen, weil wir glauben, angesichts der Scham in ihrem ganzen Ausmaß bliebe von uns kein Krümel eines wertvollen und zur Existenz berechtigten Wesens übrig.

In manchen Lebensstationen werden wir mit Themen wie schwerer Krankheit oder Tod konfrontiert. Die Hilflosigkeit, die uns angesichts unserer materiellen Vergänglichkeit überkommt, kann grauenhaft sein. Die schlimmsten Monster sind jedoch diejenigen, die aus Misshandlungs- und Missbrauchserfahrungen resultieren. Die Erinnerungen an Angst, Schmerz, Ausgeliefertsein, Ekel, Ohnmacht, Verrat können so überwältigend sein, dass ein Teil der Seele sich abspaltet, um dies alles einfach nicht mehr fühlen zu müssen.

Emotionale Tsunamis

Welche Gründe diese schrecklichen Gefühlszustände auch haben mögen: Oft nehmen wir sie wahr wie eine riesige Welle, die uns umwirft, mit sich reißt, alles auf den Kopf stellt, erstickt, zerstört – ein emotionaler Tsunami, eine Monsterwelle.

Glücklicherweise zeigt die Erfahrung, dass die regelmäßige Beschäftigung mit den alltäglichen, »nicht so schlimmen« Gefühlen uns schon so weit ins Gleichgewicht bringen und stabilisieren kann, dass diese »extrem schlimmen« Gefühle fast von selbst weniger werden oder ganz verschwinden, ohne dass man sich diesen Monstern direkt stellen muss. Es gibt aber auch solche, denen man doch noch persönlich begegnen muss, weil sie eine eigene Botschaft in sich tragen, die entdeckt werden will.

Welche Monster oder Wellen auch immer von Zeit zu Zeit gegen Ihre Tür hämmern – Sie dürfen sich darauf einstellen, dass Sie auch diese eines Tages, vielleicht schon bald, hereinbitten, begrüßen, willkommen heißen und ihnen danken werden. Dazu soll Ihnen dieses Kapitel immer mehr Mut machen. Noch haben Sie vielleicht Angst, die Tür zu öffnen, die unbeherrschbare Monsterwelle einzulassen. Und das ist in Ordnung.

Den Irrtum entlarven

Lassen Sie uns wieder beim Verstand beginnen und so die Fakten klären. Der Schmerz zerreißt uns nicht tatsächlich – aber es fühlt sich so an. Die Scham verschlingt uns nicht – aber es fühlt sich so an. Die Demütigung vernichtet uns nicht – aber es fühlt sich so an. Warum in aller Welt ist das so? Bei den Monstergefühlen hilft es uns zunächst – ähnlich wie bei den Scheinriesen – einen Irrtum zu entlarven: Wir sind zerstörbar.

Ihr Wesenskern ist unzerstörbar

Auf physischer Ebene sind wir auch tatsächlich zerstörbar, unser Körper ist vergänglich, und auch unser Verstand, unsere Denkfähigkeit hängt vom physischen Zustand unseres Gehirns ab. Zum einen kann jedoch eine Emotion allein nichts zerstören – nur vorübergehend unseren Verstand benebeln. Zum anderen stellt sich hier die Frage: Sind wir denn überhaupt nur unser Körper, unser Gehirn? Halten Sie einen

Moment inne und stellen Sie sich selbst die folgenden Fragen:

- »Wer bin ich?«
- »Bin ich nur mein Körper?«

Vielleicht gelingt es Ihnen, eine Antwort auf diese Fragen mehr zu fühlen, als durch Denken zu erlangen. Vielleicht wissen, glauben oder ahnen Sie schon in diesem Moment, dass da mehr existiert als nur Ihr Körper. Dass es da einen innersten Wesenskern gibt. Etwas, das vielleicht sogar ewig und unzerstörbar ist.

Das Wissen wirken lassen

Es findet sich in fast allen religiösen und spirituellen Traditionen der Glaube an einen unsterblichen Wesenskern, der meist Seele ge-

nannt wird. Wer mitten in einer Krise steckt, in der das Monster vor der Tür steht oder ihn gerade zu überwältigen scheint, etwa in Form einer Panikattacke, dem wird die Behauptung, sein Wesenskern sei unzerstörbar, allerdings nicht viel nützen. Wenn Sie noch keine oder wenig Erfahrung mit meditativen Zuständen haben, in denen man spüren oder erahnen kann, was die Traditionen mit »unsterblicher Seele« meinen, kann es für Sie schwierig sein, mit diesem Gedanken weiterzuarbeiten. Dennoch kann möglicherweise allein diese Idee, dass es so etwas gibt, schon etwas in Ihnen verändern und Sie unterstützen. Für das Ritual mit dem Monster brauchen Sie keine spirituelle Vor-

Nochmals: Brauchen Sie fremde Hilfe?

Wenn Sie bei der Konfrontation mit für Sie extrem schwierigen Gefühlen befürchten, in unkontrollierbare Verhaltensweisen oder Gedankenschleifen zu geraten, sollten Sie sich nicht scheuen, sich professionelle Hilfe bei einem Arzt oder Therapeuten zu holen.

bildung und kein spirituelles Interesse. Wichtig ist – wie immer, aber an dieser Stelle besonders – dass Sie sich nicht überfordern, sondern Schritt für Schritt vorgehen. In Ihrem eigenen Tempo. Üben Sie zunächst mit harmloseren Gästen, und legen Sie besondere Aufmerksamkeit auf die Zustände von Ruhe und Frieden, die sich oft und immer öfter am Ende einer Kette einstellen. Versuchen Sie nach und nach, in diesem Zustand von Ruhe und Frieden auch einen oder mehrere der folgenden, eher transzendentalen Aspekte zu erahnen, die viele Menschen in solchen Zuständen beschreiben: Aufgehobensein, Grenzenlosigkeit, Zeitlosigkeit, Ewigkeit – und eben auch Unzerstörbarkeit.

Je öfter Sie diese Erfahrung machen, desto stärker wird sie sich in Ihnen verankern – bis Sie selbst spüren, dass es an der Zeit ist, Ihr Monster herzlich willkommen zu heißen und ihm den Raum anzubieten, den es sich letztlich wünscht.

Vielleicht laden Sie es einmal bewusst an einem Tag ein, an dem Sie sich gerade sehr stabil und dieser Aufgabe gewachsen fühlen. Dann wagen Sie es – und stellen vielleicht sogar erstaunt fest, dass aus dem schrecklichen Tiger ein Schmusekätzchen geworden ist, das nur möchte, dass Sie den Wegweiser in seiner Pfote lesen.

Das Monster als Wegweiser

Das Monster(chen) enthält in den meisten Fällen nämlich einen Wegweiser zu einer tieferen Wahrheit. Die Aufgabe ist meist die, die Erfahrung der seelischen Unzerstörbarkeit zu machen.

Sie müssen das natürlich nicht glauben. Und selbst wenn Sie es glauben oder gern glauben würden, wäre dieser Glaube vielleicht schnell erschüttert, wenn das Monster wieder vor Ihnen stünde. Versuchen Sie daher einfach, diesen Gedanken wie einen Kompass im Rucksack mit sich zu tragen und bei Bedarf, das heißt, wenn die Welle kommt, als Hilfe zu benutzen. Versuchen Sie in diesem Moment, sich an diesen Gedanken oder sogar die Erfahrung seelischer Unzerstörbarkeit zu erinnern und den Mut zu gewinnen, auf der Monsterwelle zu surfen und dieses Wissen selbst zu erfahren. Je öfter Sie auf diese Weise ans Ziel gelangt sind, umso stärker festigt sich die Erfahrung, als immer größere Gewissheit – als tiefes Wissen, das überhaupt keine Glaubensanstrengung mehr benötigt.

Wir reiten die Monsterwelle

Waren Sie schon einmal im Meer schwimmen, wenn hoher Wellengang war? Haben Sie sich schon einmal auf das Spiel mit hohen Wellen eingelassen? Wer im richtigen Moment loslässt und sich mitnehmen lässt, genießt die Kraft der Welle, wie sie ihn Richtung Strand gleiten lässt, bis er wieder sicheren Boden unter den Füßen hat. Wem dies nicht gelingt, sei es aus Unachtsamkeit, aus fehlender Erfahrung oder Angst, der wird im Sog der Welle nach unten gedrückt und verliert kurzzeitig die Orientierung.

Immer gilt: Je größer die Welle, desto ordentlicher wirbelt es uns durch. Und das Fatale dabei ist: Je mehr Kraft wir aufwenden, um wieder nach oben zu gelangen, je mehr wir drücken, schieben, strampeln und uns wehren, desto tiefer scheinen wir in den Strudel hineinzugeraten und dabei immer mehr Kraft zu verlieren.

> *»Ich bin mit einem so großen Schmerz in das Ritual gegangen – und plötzlich war da nichts als Frieden.«*
>
> Rebecca, 51 Jahre

Wenn die Gefühle sie so richtig im Schleudergang herumwirbeln, helfen vielen meiner Klienten auch die folgenden Sätze zweier großer Männer. Sie stammen aus völlig unterschiedlichen Kulturen – und doch scheinen beide von der gleichen Weisheit getragen zu sein. Winston Churchill sagte: »If you are going through hell: Keep going!« Das heißt: »Wenn du durch die Hölle gehst: Geh weiter!«
Und von Swami Satchidananda, einem hinduistischen Yoga-Lehrer, ist überliefert: »Du kannst die Welle nicht anhalten, aber du kannst lernen, auf ihr zu surfen.«

Zum Beobachter der werden

Mit den Wellen ist es wie mit den Gefühlen: Wehren wir uns dagegen und strampeln, geraten wir immer tiefer hinein. Nehmen wir die Welle dagegen aufmerksam wahr, erfassen ihre Form und Geschwindigkeit, ihr Wesen, lernen sie immer genauer kennen, dann werden wir uns bald mühelos ihrer Strömung hingeben können, bis wir schließlich auf ihr regelrecht an Land surfen. Unser Surfbrett ist dabei unser Wissen, dass es geht, dass wir es können – und es wird mit jeder positiven Erfahrung Schicht um Schicht stabiler und tragfähiger. Wir lernen, die Welle immer mehr aus einer Beobachterposition wahrzunehmen.

Nachdem Sie durch die Welle hindurch gesurft sind und das Ritual mit dem Dank beendet haben, belohnen Sie sich für Ihren Mut und feiern Sie Ihr Erlebnis! Tun Sie sich etwas Gutes. Ein Spaziergang durch den Wald. Eine heiße Badewanne. Ein paar ruhige Momente mit Ihrem Lieblingsgetränk auf dem Sofa. Was auch immer Sie freut.

Übung: Ritual mit dem Monstergefühl

Als geführte Meditation finden Sie diese Anleitung auch auf der **CD, Track 4.** Vielleicht kämpfen Sie im Moment mit einem schrecklichen Gefühl; vielleicht kennen Sie auch ein solches, das immer wiederkehrt, und möchten es zum Ritual einladen. Jedenfalls fühlen Sie sich jetzt im Grunde bereit dazu – selbst wenn Ihnen dabei noch etwas mulmig zumute ist. Da Sie bereits Erfahrungen mit dem Ritual sammeln konnten, wissen Sie aber, wie wirkungsvoll es ist.

✳ Nehmen Sie sich für Ihren speziellen Gast wie gewohnt einen ruhigen Ort und ein Zeitfenster, das wenn irgendwie möglich diesmal mindestens 30 Minuten umfassen sollte.

✳ Wenn Sie sich nicht von der Meditation auf der CD leiten lassen möchten, führen Sie das Ritual selbstständig durch.

✳ Sagen Sie wieder »Hallo« zu Ihrem Gefühl und heißen Sie es willkommen.

✳ Vergegenwärtigen Sie sich vor allem in dieser Willkommens-Phase möglichst deutlich das Bild der Welle und den Gedanken an Ihre Unzerstörbarkeit. Lesen Sie vielleicht nochmals die Texte auf den letzten Seiten.

✳ Nehmen Sie wahr, was geschieht. Sie müssen nichts tun. Lassen Sie sich von der Welle mitreißen, atmen Sie weiter. Seien Sie sich bewusst, dass Sie – anders als in einer »wirklichen« Welle im Meer – weiteratmen können.

✳ Lassen Sie sich von der Welle allmählich an den Strand tragen – sie wird von allein schwächer.

✳ Nun können Sie das Ritual mit dem Dank beenden und sich für Ihren Mut belohnen. Feiern Sie die Erfahrung.

Jonas erhält von Gott einen Auftrag. Er soll nach Ninive gehen und den dortigen Bewohnern eine schlechte Nachricht überbringen.

Jonas will sich diesem sehr unangenehmen Auftrag aber nicht stellen. Er flieht daher und besteigt ein Schiff in die entgegengesetzte Richtung. Das Schiff jedoch gerät bald in einen gewaltigen Sturm. Die Besatzung erkennt, dass dieser Sturm von Gott geschickt ist – als Strafe für den Drückeberger Jonas.

Dieser erkennt nun, das er Verantwortung für die Situation übernehmen muss, und lässt sich ins Meer werfen, woraufhin der Sturm sofort aufhört. Jonas wird von einem Wal verschlungen. Drei Tage und Nächte sitzt er im dunklen Bauch des riesigen Tieres, und drei Tage und Nächte betet er zu Gott. Daraufhin wird er vom Wal an Land gespuckt, wo er seinen Auftrag schnurstracks erledigt und dadurch die Stadt Ninive erlöst.

»Ich komme da einfach nicht mehr raus!«

In sehr seltenen Fällen kann es passieren, dass jemand aus der Monsterwelle einfach nicht herauskommt. Er hat aufgehört zu strampeln, er nimmt sich wahr und lässt sich treiben, aber da ist nichts als dieses grässliche Gefühl, dunkel und bedrohlich. Und es hört einfach nicht auf, so oft das Ritual auch durchgeführt wird. Es bleibt einfach da.

Wenn diese Beschreibung auf Sie zutrifft, dann hat Sie wohl der Wal verschluckt – so wie der in der biblischen Geschichte vom Propheten Jonas, der vor einer Herausforderung flieht.

Den Sinn des Wals begreifen
Keine Panik, bitte! Der Wal wird auch Sie wieder ausspucken, sollten Sie tatsächlich einmal in seinen Bauch geraten. Und er wird Sie unversehrt ausspucken. Dies umso eher, je eher Sie das Wesen und den Sinn dieses Wals begreifen. Diese Geschichte ist selbstverständlich nicht historisch.

Sie ist aber ein spirituelles Lehrstück voller tiefer Symbole. Meiner Ansicht nach beschreibt sie die Dynamik, die entsteht, wenn wir uns den Aufträgen, die uns das Leben übergibt, oder unseren innersten Wünschen entziehen. Man könnte vielleicht auch sagen: Wenn wir vor unseren Herzenswünschen die Augen verschließen.

Was ist Ihre Herzensaufgabe?

Spüren Sie in sich hinein (nicht nachdenken!), welche Herzensaufgabe für Sie anstehen könnte. Oder lassen Sie sich von den folgenden Beispielen inspirieren:

✳ Endlich eine alte Verletzung überwinden.

✳ Sich endlich die Zeit nehmen zu trauern.

✳ Ihr Herz einem bislang verabscheuten Thema öffnen.

✳ Verzeihen.

✳ Sich von einigen Plänen des Verstands verabschieden.

✳ Aus der bisherigen Vorstellungswelt treten und andere Möglichkeiten entdecken.

✳ Sich wie Jonas unangenehmen Wahrheiten stellen und/oder diese anderen überbringen.

✳ Den Mut zu einer größeren Aufgabe, einem neuen Tätigkeitsfeld oder Beruf aufbringen.

✳ Aus der Rolle der Ich-bekomme-Arbeit-und-Kinder-unter-einen-Hut-Mama aussteigen und sich endlich Zeit für die Kinder und sich selbst nehmen.

Herzenswünsche und -aufgaben

Wir spüren manchmal, dass noch andere Aufgaben auf uns warten. Nicht die Aufträge des Chefs, die Erwartungen unserer Familie oder der Gesellschaft. Es sind eher Aufgaben, die damit zu tun haben, hinter die Dinge zu sehen, aus der Selbstverständlichkeit unseres bisherigen Lebens herauszutreten. Es sind Schritte, die unseren Erfahrungshorizont erweitern würden. Die aber auch mächtig Überwindung kosten können.

Was die Walgeschichte sonst noch mit uns zu tun hat

Oft verweigern wir uns lange diesen Aufgaben, die da schon in der Luft liegen. Dann brauchen wir erst einen äußeren Sturm, das heißt eine Krise, um die Bereitschaft zu erlangen, uns dem Leben, so wie es sich zeigt, vollkommen hinzugeben. Der Sprung von Jonas ins Meer symbolisiert diese vollkommene Hingabe. Wir müssen erst bereit sein, unsere (scheinbare)

Vernichtung in Kauf zu nehmen und uns verschlucken zu lassen. Der Wal symbolisiert die Orientierungslosigkeit, die Dunkelheit, die scheinbare Ausweglosigkeit und Vernichtung, die uns auf dem Weg der Hingabe empfängt.

Dort, in der Dunkelheit und Tiefe, wissen wir längst, dass uns kein Kämpfen und Strampeln mehr hilft. Wir können allenfalls innerlich gegen den Stillstand rebellieren oder in unserer Angst vor diesem Zustand stecken bleiben. Letztlich sind wir jedoch machtlos dagegen. Jonas betete drei Tage und wurde danach an Land gespült. Im übertragenen Sinn verband sich Jonas mit seinem Gott, vertraute sich der höheren Macht an und öffnete sich damit für tiefere Einsichten.

Rückzug als Notwendigkeit

Im Grunde war Jonas in einer ähnlichen Situation, in der sich heutzutage Menschen befinden, die ins Kloster gehen, sei es auf Dauer oder für ein Schweige-Retreat – ein immer beliebteres Mittel in unserer Zeit, um Krisen zu meistern. Völlig abgeschirmt vom lärmenden Rest der Welt finden sie Stille, Ruhe und das Gespräch mit Gott, um innerlich aufzuräumen, ihre Situation auf einer tieferen Ebene akzeptieren zu lernen und zu einer inneren Neuausrichtung zu gelangen. Es ist letztlich ein Initiationsprozess, wie ihn viele Naturvölker für Menschen in bestimmten Lebensphasen bewusst durchführen, damit eine neue seelische Entwicklungsstufe erreicht wird. Einige spirituelle Lehrer fassen diese Erkenntnis, dass Abgeschiedenheit, verbunden mit existentiellen Ängsten, zu solchen Reifeprozessen führt,

wie folgt zusammen: Eine schwere Krise oder gar Depression kann ein Weg zu spiritueller Tiefe sein.

Ihr persönliches »Gasthaus zum Walfisch«

Wenn Sie solche Phasen durchmachen und im Walfischbauch landen, kann das auch heißen, dass Sie ein Reifeprozess wandeln will. Und am Ende werden Sie einen großen Gewinn davontragen. Niemand kann vorhersagen, welche Entwicklungsprozesse auf Sie persönlich dabei warten. Wichtig ist für Sie nur zu wissen, dass die Öffnung dann geschieht, wenn Sie sich Ihrem Zustand mit größtmöglicher Hingabe zuwenden.

Tipp zum Üben mit Walfischgefühlen

Lassen Sie sich vor allem Zeit. Besonders hier sind Wollen, Erwartungen oder gar Erfolgsdruck kontraproduktiv. Vertrauen Sie darauf, dass sich die Veränderung von selbst einstellt, wenn es an der Zeit ist. Auch Track 4 der CD unterstützt Sie. Zudem sollten Sie die Möglichkeit professioneller Hilfe nie außer Acht lassen.

* Sorgen Sie dafür, gut 20 Minuten lang für sich zu sein.

* Lassen Sie zunächst einige Atemzüge kommen und gehen.

* Benennen Sie Ihren Zustand. Nehmen Sie eventuell die »Gästeliste« auf dieser Seite zu Hilfe.

* Führen Sie das Ritual mit dem Gefühl oder der Gefühlskette durch. Achten Sie immer darauf, weiterzuatmen. Gönnen Sie sich und dem jeweiligen Gefühl die Zeit, die Sie brauchen.

* Wenn Sie wahrnehmen, dass Sie sich wehren oder aus dem Zustand fliehen wollen, legen Sie Ihren Fokus auf die Ruhe, die Ihnen Ihr Zustand auch bietet. Nehmen Sie diese Ruhe – und sei sie auch noch so schwach ausgeprägt – an, vertrauen Sie auf die Kraft darin, auch wenn Sie sie momentan nicht spüren.

* Lassen Sie auch Bilder, Worte oder sogar Botschaften aus Ihrem Inneren kommen und binden Sie diese in Ihr Ritual ein.

* Gehen Sie nach dem Ritual nicht sofort in den Alltag über. Nehmen Sie sich noch mindestens zehn Minuten Zeit, um für sich zu sein. Machen Sie sich Notizen, tun Sie sich etwas Gutes oder tun Sie einfach gar nichts.

Gästeliste für den Walbauch

Diese Gäste können uns, wenn sie wirklich extrem stark sind, in den Bauch des Walfischs führen:

● Schwere, Steine auf dem Herzen

● Enge, Leere, Dumpfheit, Starre, Stillstand, Dunkelheit

● Kraftlosigkeit, Verlassenheit, Hilflosigkeit, Traurigkeit

● Ungeduld, inneres Rasen

● Verzweiflung, Scham

● Einsamkeit, Abgekapseltsein

● Todesangst, Ohnmacht, Ausgeliefert-Sein, Panik

RITUAL

Wahrnehmung und Ritual reichen nicht?

Gefühle wahrnehmen, schön und gut – aber irgendwann muss man im Leben doch auch einfach nach seinen Gefühlen handeln, oder? Richtig. Im Folgenden bekommen Sie handfeste Ratschläge zur Abgrenzung des Rituals von der Notwendigkeit zu handeln.

Wenn Sie Hunger verspüren, weil Sie den ganzen Tag noch nichts gegessen haben, macht es wenig Sinn, wenn Sie das Ritual mit Ihrem Hunger durchführen. Wenn Ihr Nachbar Ihnen regelmäßig Müll auf Ihr Grundstück kippt, wird es auf Dauer wenig an Ihrem Ärger ändern, wenn Sie diesen lediglich einladen und willkommen heißen. Handeln ist immer dann angezeigt, wenn bestimmte Bedürfnisse erfüllt werden müssen.

Bedürfnisse befriedigen

Bedürfnisse verkleiden sich oft, wenn sie im Originalzustand lange genug missachtet werden. Hinter Heißhunger auf Süßes kann auch ein Bedürfnis nach Ruhe oder Geborgenheit stecken.

Übung: Bedürfnisse spüren

* Setzen Sie sich wieder ruhig zum Üben hin, legen Sie aber Papier und Stift bereit.
* Genießen Sie die Vorstellung, dass es jetzt nur um Sie selbst und Ihre Bedürfnisse gehen wird. Lassen Sie sich mit dem Ausatmen ein Stück nach innen sinken. Fragen Sie in dieses Innere nun hinein: »Was brauche ich?«
* Erspüren Sie die Antwort in Ihrem Inneren – ohne nachzudenken. Notieren Sie sich das entdeckte Bedürfnis.

Gehen Sie wie bei der vorigen Übung nach innen und fragen Sie Ihre Bedürfnisse zu den nachfolgenden Themen ab, sofern sie Sie ansprechen. Lassen Sie sich für jeden einzelnen Bereich Zeit, um die Antwort zu erspüren, und machen Sie sich jeweils Notizen. Fragen Sie also nach innen:

* Was braucht mein Körper?
* Welche Speisen und Getränke brauche ich?
* Was brauche ich, um zur Ruhe zu kommen?
* Was brauche ich für meine Arbeit, meinen Beruf?
* Was brauche ich in meiner Beziehung zu XY?
* Was brauche ich für meinen Lebensweg, meine Berufung, meine Herzenswünsche?
* Was brauche ich für meine Weiterentwicklung, für meine Spiritualität?

Manche Bedürfnisse können auch nicht, oder nicht gleich, befriedigt werden. Das Bedürfnis nach Ruhe muss, wenn Sie mitten in einer wichtigen Besprechung sind, warten. Das Bedürfnis nach Zärtlichkeit mit dem Partner muss warten, wenn dieser gerade Ruhe und Zurückgezogenheit braucht. Die Kunst besteht darin, zum einen die Bedürfnisse klar zu erkennen und sie sich nach Möglichkeit zu erfüllen, zum anderen die Grenzen ihrer Befriedigung zu erkennen und zu akzeptieren.

Die Übungen hier helfen Ihnen, Ihre Bedürfnisse zu erkennen. Die erste (Seite 94) empfiehlt sich vor allem dann, wenn Sie sich diffus und unklar fühlen und so prüfen wollen, was Ihnen gerade fehlt. Die zweite auf dieser Seite ist grundsätzlicher – durch sie lernen Sie sich selbst immer besser kennen.

Übung: Das Ritual mit einem Bedürfnis

✳ Statt zu fragen, wie Sie sich fühlen, können Sie konkret fragen: »Was brauche ich?« Erscheint das Bedürfnis, benennen Sie es.

✳ Führen Sie das Ritual mit dem Bedürfnis durch. So könnte sich zeigen, ob ein anderes Gefühl oder Bedürfnis dahinter steckt. Bleibt es bei dem Bedürfnis, nehmen Sie sich nun Zeit zu erspüren, wie Sie es sich erfüllen können. Ist das Bedürfnis eine Auszeit, könnte es heißen: »Ich nehme heute Abend ein genüssliches Vollbad.« Wenn Inspiration gefragt ist, heißt es möglicherweise: »Ich gehe nächste Woche mal wieder ins Theater.«

Die Bedürfnisse entlarven

Wir alle haben so unsere Gewohnheiten, mit denen wir vermeintlich nur unsere Bedürfnisse erfüllen. Die Tasse Kaffee um zehn Uhr, das Feierabendbier, die Tagesschau, im Internet surfen, shoppen, Schokolade essen … Aber ist das wirklich immer das, was wir brauchen? Vergessen Sie einmal jeden moralischen Zeigefinger, alle Gesundheitstipps – und betrachten Sie es einfach als unterhaltsames Experiment. Bevor Sie zur gewohnten Bedürfnisbefriedigung schreiten: Halten Sie einen Moment inne. Wahrscheinlich verspüren Sie dabei das Bedürfnis, das zu tun, was Sie gewohnt sind. Führen Sie das Ritual nun genau mit diesem Bedürfnis durch. Achten Sie genau darauf, welche weiteren – oder anderen – Gäste erscheinen und führen Sie das Ritual mit diesen ebenfalls durch, bis die Kette beendet ist. Vielleicht entdecken Sie auf diese Weise das Bedürfnis nach einer wirklichen Arbeitspause statt des nächsten Kaffees oder das Bedürfnis nach einem Spaziergang statt dem Surfen im Netz.

Die Stiefkinder

In unserer heutigen Gesellschaft werden einige Bedürfnisse sehr stiefmütterlich behandelt. Während die nach materieller Absicherung, Reisen, beruflicher Anerkennung, Sport und Sex gesellschaftsfähig sind, gibt es vernachlässigte bis verpönte Bedürfnisse. Es sind sehr oft die nach:

- ausreichend Schlaf,
- naturbelassener Nahrung,
- Nichtstun,
- gesundem Lebensrhythmus,
- Spiritualität,
- einfach gesehen und wahrgenommen werden,
- Grenzen als beachtet und gewahrt zu erleben,
- in Ruhe trauern können.

Das Bedürfnis-Tagebuch

Eine wunderbare Methode, um Bedürfnisse zu klären:

* Besorgen Sie sich einen Notizblock oder ein kleines Buch, das ausschließlich der Erforschung Ihrer Bedürfnisse dient.

* Nehmen Sie sich regelmäßig einen kurzen Moment Zeit, um sich zu fragen: »Was bräuchte ich jetzt?« Stellen Sie sich die Frage mindestens dreimal am Tag, mindestens eine Woche lang.

* Beantworten Sie sie spontan, ohne nachzudenken, und schreiben Sie Ihre Antwort mit Datum und Uhrzeit sofort auf.

* Schreiben Sie wirklich jede Antwort auf, unabhängig davon, ob Sie das Bedürfnis wirklich jetzt befriedigen könnten (also auch in der Besprechungspause: »zwölf Stunden Schlaf« aufschreiben).

* Am Ende der Woche betrachten Sie Ihr Gesamtergebnis – haben sich da nicht ein paar Stiefkinder endlich zu Wort gemeldet? Vergleichen Sie Ihre Bedürfnisse mit Ihrer Realität.

Meine Grenze, deine Grenze

Wenn eine Grenze verletzt wird, wird es Zeit zu handeln, um diese wieder zu errichten und zu verteidigen. Das klingt so selbstverständlich. Wir brauchen geschützte Räume und eigene Sphären, um uns entfalten zu können. Dringen andere ständig in diese Räume ein, raubt uns das Kraft und Lebensfreude. Umso erstaunlicher ist es, wie selbstverständlich oft über die Grenzen anderer hinweggegangen wird, wie sogar Empörung oder Spott entstehen, wenn versucht wird, die Grenze zu verteidigen. Dann gilt man schnell als »nicht leistungsbereit«, »prüde«, »spießig«, »egoistisch« und so weiter. Kein Wunder, dass es schwerfällt, die eigenen Grenzen noch zu erkennen. Oft wird nur noch ein irgendwie schlechtes Gefühl wahrgenommen.

Wann sind Grenzen verletzt?

Erster wichtiger Indikator sind die Gefühle Wut und Ärger, die eigentlich genau dazu da sind, dass wir unsere Grenzen erkennen und verteidigen. Laden wir diese Gefühle ein und es liegt eine Grenzverletzung vor, dann gelangen wir auch nicht zu unserer Mitte – denn etwas in uns sagt, dass die Situation eine Aktivität erfordert. Für Frieden und Stille ist es zu

Übung: Das Ritual bei Grenzverletzungen

* Führen Sie das Ritual wie gewohnt mit Ihrem Gefühl durch, mit dem Ärger, der Wut, der Trauer, was auch immer die Grenzverletzung anzeigt.

* Achten Sie am Ende darauf, ob Sie einen Handlungsimpuls verspüren. Folgen Sie ihm – außer, wenn es die Grenzen anderer überschreitet oder verboten ist.

Übung: Wahrnehmen eigener Grenzen

* Ziehen Sie sich an einen ruhigen Ort zurück und atmen Sie einige Male ruhig durch.

* Spüren Sie nun Ihren Körper, indem Sie mit Ihrer Aufmerksamkeit einmal von oben nach unten durch alle Körperteile gehen: Kopf – Arme – Oberkörper – Unterleib – Beine.

* Spüren Sie nun bewusst die Begrenzung Ihres Körpers, die äußere Kontur, den Umriss. Machen Sie sich bewusst: »Dies ist meine körperliche Grenze. Ich bestimme über diese Grenze. Ich bestimme über Essen, Trinken, sexuellen Kontakt.«

* Spüren Sie als Nächstes Ihre körperliche Intimgrenze. Mit dieser Grenze bestimmen Sie, wer Ihnen körperlich wie nahe kommen darf. Nehmen Sie die Ausmaße, die Lage dieser Grenze wahr. Machen Sie sich bewusst: »Ich bestimme, wer mir wie nahe kommen darf.«

* Richten Sie Ihre Aufmerksamkeit nun auf Ihre Wohnung oder Ihr Haus. Machen Sie sich bewusst: »Ich bestimme, wer eintreten darf und wer nicht.«

* Machen Sie sich bewusst: »Ich bestimme, wer mein Auto fahren darf, wer meine Sachen benutzen darf, wer mein Geld ausgeben darf, wer meine persönlichen Unterlagen lesen darf.«

* Spüren Sie die Kraft, die in dieser Macht zur Selbstbestimmung liegt.

früh. Vielmehr wird ein Handlungsimpuls auftauchen wie das Bedürfnis, ein klares Nein auszusprechen. Nun sind aber gerade die in diesem Fall so nützlichen Gefühle Wut und Ärger verpönt. Sie verkleiden sich, und das macht es schwerer, die Grenzverletzung zu erkennen.

Übung: Grenzen der Belastbarkeit klären

* Ziehen Sie sich an einen ruhigen Ort zurück und atmen Sie einige Male ruhig ein und aus.

* Richten Sie Ihre Aufmerksamkeit auf die Frage, inwieweit Sie in Ihrem Leben Belastungen ausgesetzt sind.

* Machen Sie sich bewusst, dass für Ihre Belastbarkeit Grenzen existieren – körperliche, geistige und auch emotionale.

* Versuchen Sie, diese Grenzen wahrzunehmen. Spüren Sie, wie nahe Sie schon an diese Grenzen gekommen sind. Haben Sie noch Reserven, sind Sie am Limit oder sind Sie sogar schon darüber hinweggegangen?

* Fragen Sie sich: »Lasse ich mich durch Bitten oder Anforderungen von außen über diese Grenzen hinwegziehen? Oder kann ich rechtzeitig Nein sagen?«

* Wenn Sie bei dieser Übung auf Gefühle stoßen, nutzen Sie das Ritual, um sie zu klären.

Beliebte Verkleidungen

Es gibt ganz typische Verkleidungen, die Wut und Ärger nutzen, wenn sie nicht pur gezeigt oder erlebt werden dürfen.

● Gefühle wie Erschöpfung, anhaltende Traurigkeit, Selbstzweifel oder Burnout und Depression.

● Statt Gefühle zu fühlen, ergibt man sich in unbewusste Verhaltensweisen wie Lästern, Abwerten, Intrigieren, in Rachefeldzüge, Autoaggressivität oder auch ein paranoides Verhalten.

Diese Verkleidungen müssen erst entdeckt und abgelegt werden, bevor Sie an die eigentlichen Gefühle kommen. Dann aber will auch die Grenze beim Namen genannt werden, zum Beispiel: »Ärger darüber, dass mein Chef mich anfasst und damit meine Intimsphäre verletzt.«

Beispiele für Grenzen

Wenn Sie unsicher sind, ob es bei Ihrem Gefühl, Ihrer Situation, Ihrem Konflikt um eine Grenze geht, können Sie auch anhand der folgenden Aufzählung prüfen, ob etwas für Sie passt. Wichtig: Grenzen sind individuell, Sie bestimmen sie selbst! Als Grenzen gelten:

- Körperliche Unversehrtheit.
- Intimgrenzen: angemessener körperlicher Abstand, abgegrenzte Wohnung, vertrauliche Informationen, angemessener Anblick des anderen (die meisten wollen keinem Exhibitionisten begegnen).
- Soziale Grenzen: angemessener Tonfall, Besitz, Geld, Aufgaben.
- Belastungsgrenzen: körperlich, emotional und geistig.

Übung: Ein schützendes Nein etablieren

Wenn Sie bei einer der vorigen Übungen entdeckt haben, dass es Ihnen schwerfällt, Ihre Grenze zu ziehen, dann können Sie sich mit dieser Übung stärken.

* Machen Sie es sich an einem geschützten Ort bequem.

* Versuchen Sie, Ihre Grenze, die Ihr Thema betrifft, deutlich wahrzunehmen. Nehmen Sie auch Schwachstellen oder unscharfe Stellen im »Grenzverlauf« wahr.

* Sagen Sie nun laut und deutlich »Nein!« und schicken Sie dieses Nein in alle Richtungen an Ihre Grenze. Nehmen Sie wahr, wie dieses Nein die Grenze nun stabilisiert und stärkt – wie ein festes, stabiles Baumaterial.

* Wiederholen Sie dieses Nein, so oft Sie möchten.

* Nehmen Sie nun Ihre sichere und klare Grenzhülle noch einmal bewusst wahr.

* Entspannen Sie sich innerhalb dieser Grenze. Genießen Sie diesen Schutz und die Entspannung, so lange Sie möchten.

● Eltern sind dafür zuständig, die Grenzen ihrer Kinder zu wahren und gegen andere zu verteidigen, solange und soweit die Kinder das noch nicht selbst tun können.

Angemessene Reaktionen

Sie verspüren manchmal den Impuls, den Nachbarn – in unserem Beispiel – wegen seinem Müll in Ihrem Garten zumindest mal ordentlich zu vermöbeln? Übertriebene Handlungsimpulse und Reaktionen deuten darauf hin, dass andere Faktoren außer der Grenzverletzung selbst beteiligt sind. Sie haben Ihr Bedürfnis nach Grenzziehung wahrscheinlich zu lange unterdrückt – und deswegen sollten Sie den Stau zunächst mithilfe des Rituals abbauen. Eine angemessene Lösung wird sich dann wie von selbst zeigen.

Es kann auch sein, dass die andere Person bei Ihnen über die Grenzziehung hinaus einen »Knopf drückt« Dann hätte sie bei Ihnen eine Altlast entlarvt (ab Seite 106). Sind die Gefühle bereinigt, dürften Sie – was auch immer jemand innerhalb Ihrer Grenzen anstellt oder anzustellen versucht – einen adäquaten Handlungsimpuls verspüren. Sie könnten die Sache zum Beispiel endlich einmal ansprechen. In anderen Fällen aber kann es durchaus sein, dass Sie sich Verstärkung holen oder sogar öffentliche Ämter einschalten müssen. Oder Sie sagen dem anderen mal gehörig die Meinung, sachlich, aber alles andere als zaghaft.

> *»Nur dort gibt es Liebe, wo die Wahl unwiderruflich ist, denn man muss Grenzen haben, um werden zu können.«*
>
> Antoine de Saint-Exupéry

Es nützt nichts – der Ärger ist schon wieder da

Leider gibt es unter den Menschen hartnäckige Grenzüberschreiter. Das Grenzenziehen kann anstrengend sein. Immer wieder kommt es vielleicht zum gleichen Ärger. Forschen Sie wieder nach Ihrem Impuls – und der kann letztlich nur zweierlei sein: Entweder die Grenze deutlicher zu verteidigen – »Vielleicht gehe ich zum Mediator oder Anwalt, nachdem vielfache Gespräche nichts genützt haben«. Oder aber Sie ziehen Ihre Grenze etwas zurück. Das aber nur, wenn Sie merken, dass Ihnen die Grenze an dieser Stelle wirklich nicht mehr wichtig ist – weil Sie zum Beispiel ohnehin bald umziehen und es nicht mehr nötig haben, mit dem Nachbarn zu streiten.

Kulturspezifische Grenzen

Grenzen werden auch durch Kulturen oder sonstige soziale Normen festgelegt. Ist es im deutschsprachigen Raum vielen Müttern schon unangenehm, wenn jeder Verwandte das Neugeborene »mal halten« möchte, so ist es in manchen südeuropäischen Ländern normal, dass wildfremde Leute das süße Kleine abknutschen.

Das heißt nicht, dass Sie Ihre Grenzen nicht auch auf Reisen selbst bestimmen sollten. Sie sollten sich aber bewusst sein, dass anderswo andere Regeln gelten. Zum Beispiel gehen Sie wahrscheinlich nicht im Spaghetti-Trägertop in eine italienische Kirche, selbst wenn es draußen noch so heiß ist.

Die Grenzen der anderen

An diesem Beispiel sehen Sie schon: Die eigene Bedürfnisbefriedigung hört da auf, wo die Grenze des anderen anfängt. Hand aufs Herz: Fällt es Ihnen schwer, sich daran zu halten? Nun, in gewissem Rahmen kann über Grenzen auch verhandelt werden. In Beziehungen ist das Streiten sogar sehr fruchtbarer und weniger verletzend, wenn klar wird, dass es rein

Achtung: Verwechslungsgefahr

Benutzen Sie die Idee »Verteidigung meiner Grenzen« nicht vorschnell als Ausrede, um Ihren Impulsen um jeden Preis zu folgen. Prüfen Sie achtsam, ob es wirklich um Ihre eigene Grenze (oder die Ihrer Kinder) geht. Besondere Vorsicht ist geboten, wenn Ihnen Begriffe wie »Ehre« oder »Prinzip« in den Sinn kommen. Die sind nämlich oft ein Etikettenschwindel für das, was eher »Altlasten« genannt werden sollte.

um persönliche Grenzen geht und nicht um die Frage, ob der eine den anderen »wirklich liebt«. Die Grenzziehung ist auf allen Seiten ohnehin nichts Starres, sondern ein ständiger Prozess.

Grenzen vollständig akzeptieren

Manchmal kann es einem schon ganz schön schwerfallen, das zu akzeptieren, was man nicht oder nicht allein ändern kann: den Partner und seine Grenzen, die Arbeitsmarktsituation, die Umweltverschmutzung, sinnlose Gesetze und sinnlose Verbrechen, den Beton in den Köpfen mancher Mitmenschen … Ist das nicht zum Verzweifeln? Wenn Sie sich mit solchen Gedanken und damit mit Gefühlen von Wut, Hilflosigkeit, Ohnmacht und Verzweiflung plagen, sollten Sie das Außen mal Außen sein lassen und sich einen besonderen Gast einladen: die Demut. Das klingt im ersten Moment vielleicht wie Aufgeben, aber es steckt eine große Kraft darin.

Demut, richtig verstanden, hat nichts damit zu tun, dass Sie sich »unterbuttern« lassen. Sie meint schlicht die Hingabe an das Leben – so, wie es nun mal ist. Erst wenn Sie sich dem Leben mit all seinen Möglichkeiten, aber auch all seinen

Begrenzungen vollständig hingeben, werden Sie den großen Spielraum, die Freiheit zwischen diesen Grenzen entdecken können. Grenzen, die nicht verrückbar sind, hinzunehmen, führt zur Freiheit.

Übung: »Inakzeptables« annehmen

Setzen Sie sich an einen ungestörten Ort und atmen Sie in Ruhe ein und aus. Lassen Sie sich mit jedem Ausatmen weiter und weiter in Ihren Innenraum fallen. Holen Sie nun eine scheinbar inakzeptable Situation in Ihre Gedanken. Spüren Sie die Gefühle, die sie in Ihnen verursacht: Vielleicht Wut, Empörung oder Zorn. Vielleicht ist da (oder dahinter) auch Hilflosigkeit, Ohnmacht. Führen Sie das Ritual mit Ihrem Gefühl oder den Gefühlen, die Sie entdeckt haben, durch. Wenn Sie in einem dieser Gefühle stecken bleiben, sprechen Sie einen oder mehrere der folgenden Sätze. Spüren Sie jedes Mal nach, welche Wirkung er entfaltet und welche Gefühle dann

kommen, und führen Sie auch mit diesen das Ritual durch.

✴ »Auch wenn ich … fühle, existiere ich weiter.«

✴ »Ich muss die Situation nicht ändern.«

✴ »Ich muss die Situation nicht allein ändern.«

✴ »Ich kann nichts tun – ich brauche nichts tun – ich darf es sein lassen.«

✴ »Ich vertraue darauf, dass es ist, wie es ist.«

✴ »Es ist, wie es ist.«

✴ »Ich bin, wie ich bin.«

Mit großer Wahrscheinlichkeit spüren Sie jetzt bereits die Kraft, die in der Hingabe an das Gegebene liegt. Lassen Sie sie zu, lassen Sie sie aufsteigen und sich in Ihnen ausbreiten. Genießen Sie sie.

Tipp: Altlasten entlarven

Wie können Sie erkennen, ob ein impulsives Gefühl eine Altlast ist?

✳ Klären Sie zunächst die Fakten und bleiben Sie dabei – bei konkreten Handlungen von bestimmten Personen. Vermutungen (»Er muss mich gesehen haben, trotzdem hat er nicht gegrüßt«) oder Verallgemeinerungen (»Die Nachbarschaft ist gegen mich«) deuten auf Altlasten hin.

✳ Klären Sie, welche Grenze tangiert ist – wenn Sie diese nicht benennen können, steckt wahrscheinlich eine Altlast dahinter. Zum Beispiel: »Sie hat gesagt, dass sie sich für die Beste hält – so eine arrogante Ziege muss man doch mal vom Sockel stoßen!« Hier geht es nicht um eine Grenze, sondern nur um Ihre eigenen Gefühle von Neid und Minderwertigkeit. Jede Art von Reaktion oder Handlung würde jetzt nur von Ihren eigenen inneren Konflikten ablenken.

Alte, ignorierte Gefühle

Altlasten – sie greifen, wenn ein Handlungsimpuls nur teilweise oder gar nichts mit der aktuellen Situation zu tun hat. Vielmehr nutzen diese vernachlässigten Gefühle einen momentanen Tumult, um endlich ihren großen Auftritt zu zelebrieren. Uns geht es dann wie dem Mann in Paul Watzlawicks »Anleitung zum Unglücklichsein«. Er will sich von seinem Nachbarn einen Hammer leihen. Auf dem Weg tauchen aufgestaute Gefühle wie Selbstzweifel, Misstrauen und Wut in ihm auf, die mit dem Nachbarn selbst nichts zu tun haben, sondern aus früheren Erfahrungen stammen. Schließlich läutet er beim ahnungslosen Nachbarn und schreit: »Behalten Sie Ihren Hammer, Sie Rüpel!«

Altlast erkannt, was nun?

Wenn es um Altlasten geht: Bleiben Sie bei sich und dem gewohnten Ritual. Öffnen Sie Ihren Raum vor allem für Bilder aus der Vergangenheit. Fragen Sie sich immer wieder: »Wann und wo habe ich mich schon einmal so gefühlt?« Wenn Bilder auftauchen, fragen Sie sich: »Wie habe ich mich damals noch gefühlt außer wütend und enttäuscht?« Meist ergibt sich daraus eine Kette, die mit dem Ritual aufgelöst werden kann.

Altlasten: Geld statt Intimsphäre

Monika befand sich in einem heftigen Streit mit ihrer Schwester. Beide hatten zu gleichen Teilen ein Haus mit zwei Wohnungen geerbt, von denen jede seit Langem eine bewohnte. Monika hatte aber ein Zimmer mehr, und ihre Schwester wollte eine Art Ausgleichs-Mietzahlung von ihr. Monika war empört und fand eine Menge Argumente dagegen. Ich bat sie, den Ärger über diese Geldforderung einzuladen. »Es fühlt sich an, als würde sie in dieses Zimmer ungefragt reingehen, wie eine Verletzung der Intimsphäre«, entdeckte sie überrascht. Sofort kamen ihr eine Menge Erinnerungen in den Sinn: Wie schon zu Kinderzeiten ihr Bedürfnis nach Rückzug missachtet wurde – ihr Zimmer durfte nicht abgesperrt, aber jederzeit von den anderen betreten werden. Als Kind hatte sie sich nicht wehren können. Das Wort »Zimmer« war nun für sie mit Angst vor Grenzverletzung besetzt, sodass sie im gegenwärtigen Streit nicht mehr hatte erkennen können, dass es ihrer Schwester in diesem Fall allein um einen gerechten finanziellen Ausgleich ging. Nachdem die Altlast aufgedeckt war, fanden die Geschwister in kürzester Zeit eine finanzielle Einigung.

Die Landkarte entfalten

Ein Bild sagt mehr als tausend Worte. Das haben Sie mit dem Bild des Gastraums und dem der Gefühle als Gäste bereits erfahren. Mit dem Ritual haben Sie gelernt, **mit schönen wie schwierigen Gefühlen umzugehen und sie zu schätzen.** Immer öfter werden Sie dabei das erfahren haben, was wir anfangs als innere Zustände bezeichnet hatten: Liebe, inneren Frieden, Freude.

Um genau diese Zustände soll es im abschließenden Kapitel gehen. **Sie können darin mehr über Ihre eigene Mitte oder Ihren Ursprung erfahren.** Hierfür kehren wir zu dem Bild zurück, das Sie in der vorderen Umschlaginnenseite finden, der Landkarte der Gefühle, mit der Sie nun noch mehr Klarheit für Ihre eigene Landschaft erlangen können. Über die Gefühle-sind-wie-Gäste-Methode hinaus gibt es natürlich noch viele andere Wege, um zur eigenen Mitte zu finden. Einige davon können Sie hier entdecken und für sich zu nutzen lernen.

Hin zur Mitte

Anfangs haben Sie sich schon einmal mit der »Landkarte« auf der Umschlaginnenseite beschäftigt und Ihre bisherige »Route« dort aufgezeichnet. Legen Sie doch jetzt einmal ein neues Stück Pauspapier darauf oder machen Sie eine neue Kopie. Schnell werden Sie sehen, was sich alles verändert hat. Sind ausgetrampelte Pfade vielleicht wieder dünner geworden, während sich neue Gebiete erschlossen haben – vielleicht nahe der Mitte? Welchen Sinn hat die Anordnung der Gefühle und Zustände? Und wozu dieser Gürtel um den Kreis?

Die Kartenlegende

Ganz im äußeren Ring sind unschöne Dinge zu finden, extreme Gefühle und Krankheiten. Da ist man so richtig »außer sich«, so gar nicht mehr »man selbst«. Etwas weiter innen kommen den meisten von uns viele Begriffe sehr bekannt vor: Überforderung, Frust, Stress, Langeweile, Dumpfheit – Alltagsgefühle. Mit einigen von diesen marschieren wir oft tage-, wochen-, monatelang durchs Leben. Wir haben uns dann so an sie gewöhnt, dass wir sie kaum mehr bemerken. Wir sind nicht »außer uns«, sondern »ganz normal«, aber auch nicht erfüllt oder glücklich. Und wenn wir ehrlich sind, würden wir gern anders leben, freudvoller.

Die Sehnsucht nach mehr

Früher oder später überkommt uns die Sehnsucht nach mehr. Mehr was? Mehr Glück und Erfolg oder Liebe und Frieden? Wenn wir nur im Außen nach diesen Qualitäten suchen, glauben wir zwar zwischendurch kurzzeitig, sie gefunden zu haben. Doch dann kann ganz schnell alles wieder zusammenbrechen, und es geht uns vielleicht noch schlechter als zuvor. Wir glaubten, die große Liebe gefunden zu haben – und sitzen nun in Schmerz und Einsamkeit. Wir strebten nach dem großen Erfolg, der sich zunächst auch einstellte – und sind plötzlich mit Scheitern und Versagen konfrontiert. Solange wir die schönen Zustände nur im Außen suchen, scheint Schmerz vorprogrammiert zu sein.

Wir dürfen uns Liebe ersehnen

Haben wir überzogene Erwartungen? Ist es denn ungehörig, sich nach Liebe, Glück, Frieden, Kraft und all diesen Dingen zu sehnen? Nein, es ist menschlich! Das Einzige, was uns fehlt, ist im Grunde die Erkenntnis, dass es letztlich unmöglich ist, dies alles auf Dauer im Außen zu finden. Denn unsere materielle Welt ist nun einmal vergänglich. Wir sind nicht gefeit gegen Krankheit und Sterben, ebenso wenig gegen Trennung und Verluste welcher Art auch immer. So paradox es klingt: Haben wir die Vergänglichkeit dieses Lebens erst einmal wirklich verstanden und akzeptiert, können wir das Leben noch viel mehr genießen.

Die Essenz in der Mitte

Im Außen finden wir also nicht wirklich auf Dauer Liebe und Frieden. Daher ist es wohl unsere Aufgabe, zu erkennen, dass all diese »schönen« Zustände ihren Ursprung in uns selbst haben. Dass sich in uns ein Ort befindet, an dem wir jederzeit Ruhe, Kraft und Freude schöpfen können.

Sie haben – zumal nach dem Üben mit dem Ritual – bestimmt eine Ahnung davon, wie sich diese Mitte anfühlt. Es ist ganz gleich, ob Sie sie »Seele«, »Mitte« oder auch ganz anders nennen. Der spätmittelalterliche Mystiker Meister Eckart verwendete den schönen Begriff »Seelengrund«. Ich werde hier in Anlehnung an einige östliche Lehren von »Essenz« sprechen. Warum Essenz? In diesem Begriff liegt eine große Freiheit, sich unabhängig von der eventuellen religiösen Herkunft bewusst zu machen, dass das Dasein einen nicht-materiellen Ursprung hat. Denn ganz unabhängig davon, ob Sie an eine

Existenz jenseits der materiellen Welt glauben oder nicht, hilft diese Vorstellung von einer Essenz, einem Ursprung, einer Mitte auch bei der Arbeit mit ganz alltäglichen und »weltlichen« Gefühlen. Es spielt also keine Rolle, ob Sie die folgenden Erklärungen nun als eine Art spirituelle Wahrheit ansehen oder nur als eine hilfreiche Metapher, die Ihr Unterbewusstsein beeinflusst und so nach und nach eine angenehme Ordnung in das Gefühlsdurcheinander bringt.

Unser Ursprung: Stille, Liebe, Freude

Die Essenz sehen Sie als mittleren Kreis auf der Landkarte. Die meisten kennen diese Mitte zumindest aus kurzen Momenten des »In sich angekommen Seins«. Die Essenz ist unterteilt in drei locker voneinander getrennte Seins-Zustände: Stille, Liebe und Freude. Diese sind ursprüngliche Seinsweisen, die, anders als die Gefühle, keinen Zweck verfolgen – unser natürliches Sein.

Stille, Liebe und Freude

* Mit Stille ist hier nicht die Abwesenheit von Lärm gemeint, sondern die innere Stille – der Zustand, in dem wir frei von Gedanken, Gefühlen und jeglicher Identifikation sind.
* Mit Liebe ist hier nicht die Anziehungskraft zwischen Mann und Frau gemeint, sondern der innere Zustand, mit dem wir das, was da ist, vorbehaltlos annehmen können und uns als mit allem verbunden erkennen. Aus diesem Zustand entsteht auch Mitgefühl.
* Bei der Freude gibt es am wenigsten Verwechslungsgefahr. Die meisten spüren sofort, wenn sie in ihr angekommen sind. Diese Freude wird auch als Lebendigkeit wahrgenommen.

* Frieden und Urvertrauen, Resultat von Stille und Liebe, oft auch als »Harmonie« bezeichnet.
* Glück (als Zustand, nicht als Gegenteil von Pech) als Resultat von Stille und Freude, die oft als ein Gefühl von »Alles ist in Ordnung« gespürt werden.
* Schöpferkraft oder auch Euphorie, als Resultat von Liebe und Freude. Sie gibt uns den Impuls zu Aktivitäten und Handlungen.

Frieden, Glück, Schöpferkraft

Dort, wo sich die drei Grundelemente der Essenz mischen, entstehen neue Zustände – noch zur Essenz gehörend, aber nicht mehr ganz in der Mitte, eher wie Blütenblätter. Sie sind für uns leichter erreichbar und als Vorstufe zur vollen Essenzerfahrung spürbar. Man fühlt sich zwar angekommen – die Gefahr, dass das Gleichgewicht kippt, besteht hier jedoch bereits.

Schutzschicht und Schicht der Verletzlichkeit

Doch warum sind wir nicht ständig in diesen Zuständen? Wie kommt es zu Schmerz, Angst, Wut und all diesen grässlichen Dingen? Warum fühlen sich solche Zustände so scheußlich an, warum reicht nicht eine sachliche Meldung an unser Hirn wie »Achtung, Säbelzahntiger! Bitte bewegen Sie sich rasch in Ihre Höhle zurück«?

Manche behaupten, es läge an den Traumata unserer Kindheit. Der US-amerikanische Psychiater Dr. Thomas Trobe erklärt, dass wir Gefühle der Verletzung, Angst und Scham in eine »Schicht der Verletzlichkeit« hinein verdrängt haben und darüber eine äußere Schicht, die »Schutzschicht« gelegt haben, von der aus wir alles unter Kontrolle zu haben versuchen.

Das ist sicher ein Teil der Wahrheit. Ich denke aber, dass wir nicht zwingend nach Verletzungen aus unserer Kindheit suchen müssen. Vielleicht ist es sogar so, dass die seelischen Verletzungen, die wir erlitten haben, eher Symptome oder Reflexe der Tatsache sind, dass wir in gewisser Weise irgendwann aus dem Zustand der Essenz herausgefallen sind.

Genauer gesagt: Wir sind weiterhin – auch – in diesem Zustand, uns fehlt nur immer wieder das Bewusstsein dafür. Eine sehr schöne und hilfreiche Vorstellung ist die Erklärung vieler spiritueller Schulen, wir seien als vollkommen bewusste Wesen zur Welt gekommen, hätten aber bei der Geburt oder innerhalb der ersten Lebensmonate die Erinnerung an diesen vollkommenen Zustand vergessen. Das erklärt diese Ahnung, dass alles schon in uns vorhanden ist.

Die Schwierigkeit, das Vergessen zu überwinden

Meistens ist es aber sehr schwierig, wieder zu diesem Bewusstsein, diesem Wissen, dieser Erfahrung und damit in den Zustand von Mitte (zurück) zu gelangen. Es scheint, als gäbe es da etwas Trennendes, eine Art Hindernis, das besonders im Zustand des Schmerzes so unüberwindlich erscheint. Dieses Phänomen habe ich als eine Art dunklen Fluss oder Kanal um die Blütenblätter der Essenz herum dargestellt. Ich nenne ihn – in Anlehnung an die Vorstellung, das

> *»Es gibt zweierlei Geburt der Menschen: eine in der Welt und eine aus der Welt, das heißt geistig in Gott.«*
>
> Meister Eckhart

Vergessen sei mit der Geburt eingetreten – den »Geburtskanal« oder den »Graben des Vergessens«.

Der trennende Kanal

Dass für ein Leben auf dieser Erde noch andere Gefühle nötig sind als die glückseligen, haben wir schon ganz zu Anfang dieses Buchs erkannt. Wer an dieser Stelle erneut nach dem »Warum« fragt, für den sind also tiefere Antworten nötig als die schlichten Überlebensfragen. Etwa weil er mit Schicksalsschlägen oder Emotionen kämpft, für die es keine einfache Erklärung gibt. Er kommt also nicht umhin, die Frage auf eine spirituelle Ebene anzuheben. Die Antworten auf die Frage nach dem »Warum« werden von Vertretern verschiedener Religionen sehr unterschiedlich beantwortet. Religionsneutral könnte man sagen: weil unsere Seele Erfahrungen machen möchte. Wenn wir im Bewusstsein der Dualität (der Erfahrung von »gut« oder »schlecht«) zur Mitte, zu unserer Essenz finden, haben wir eine höhere Bewusstseinsstufe erlangt.

Jenseits des Kanals: Je weiter außen, desto unbewusster

Auf der anderen Seite dieses Grabens oder Kanals sind die irdischen Gefühle. Je näher am Kanal sie sich befinden, desto direkter, unverkleideter, oft auch schmerzhafter sind diese Gefühle. Verlieren wir jedoch weiter an Bewusstsein, so ändern die Gefühle ihre Gestalt. Sie verkleiden sich, werden leichter erträglich, meist indem sie unsere Aufmerksamkeit von uns weg führen und auf das Negative weisen, das wir bei den anderen sehen. Sicher haben Sie bereits bemerkt, dass Menschen, die sich ständig über andere beklagen, tendenziell die meisten »blinden Flecken« haben, was sie selbst betrifft. Ihre eigenen Schwächen sehen sie nicht. Verdrängen wir auch diese Gefühle ins Unbewusste, so treten sie als echte Beschwerden wieder auf –

noch weiter außen auf der Landkarte. Da sind psychische und körperliche Krankheiten zu finden.

Die Trennung ist eine Illusion

Aber das Leben ist doch nicht nur schrecklich, werden Sie sagen – es gibt doch hier auf dieser Erde Glück, Liebe, Freude und all diese schönen Dinge. Aber sicher! Ist das nicht ein Widerspruch?

Nicht, wenn Sie es so betrachten: Freuen Sie sich über irdische Dinge, dann tun Sie es natürlich tatsächlich und hier auf Erden; gleichzeitig sind Sie aber mit einem Zustand in Verbindung, der mit etwas Unvergänglichem zu tun hat, und sind damit auf einer anderen Bewusstseins- oder Energiestufe.

> *»Wer andere kennt, ist klug. Wer sich selbst kennt, ist weise.«*
>
> Laotse

Oder anders ausgedrückt: Die Essenz durchdringt die Materie. Manche sagen auch: Wenn wir eine Pflanze oder einen Menschen betrachten und dabei deren Schönheit wahrnehmen, nehmen wir das Göttliche wahr, das in diesen Wesen hervorschimmert. Und das Erkennen dieses Schimmers ist letztlich in jedem Moment möglich.

Die Karte lesen

Anhand unserer Landkarte wissen Sie bereits: Je näher Sie sich an der Mitte befinden, desto schmerzhafter sind die Gefühle – andererseits sind Sie in diesem Moment schon näher bei sich und Ihrer Mitte, Sie sitzen praktisch schon am Strand und können die rettende Insel erkennen. Vielleicht haben Sie es inzwischen ja auch schon so erfahren. Je mehr Sie Ihre Gefühle schon kennengelernt, geklärt, transformiert haben – zum Beispiel mithilfe des Gästerituals – desto weiter haben Sie sich Ihrer Mitte angenähert.

Das Gleichgewicht der Elemente

Nicht nur die Innen-Außen-Position der Gefühle verrät etwas über uns selbst, sondern auch die Lage innerhalb des Kreises, quasi die »Uhrzeit« innerhalb eines gedachten Ziffernblatts. Denn daraus können wir erkennen, von welchem Element der Essenz wir tendenziell wie viel haben. Wir brauchen ein Gleichgewicht auch in unserer Mitte, die wir uns wie ein Floß innerhalb des Kanals des Vergessens vorstellen können: Gerät zu viel Gewicht auf eine Seite, kippt das Ganze – und wir fallen zurück in die unbewusste Entsprechung des zugehörigen Blütenblattes.

Ungleichgewicht lösen

Lassen Sie mich diesen etwas ungewöhnlichen Gedanken an einigen Beispielen für unausgeglichene Gefühlszustände erklären.

Der Workaholic

Nehmen wir einmal an, Ihnen ist es äußerst wichtig, etwas zu leisten. Ihre Arbeit erfüllt Sie und macht Ihnen Spaß, und wenn Sie viel und lange arbeiten, fühlen Sie sich richtig gut, teilweise sogar euphorisch. Andere nennen Sie deswegen vielleicht einen Workaholic.

Wichtig wäre für Sie, wären Sie so ein Mensch, eigentlich nur, sich Folgendes bewusst zu machen: Ihre unterschwellige Motivation ist – wie, so behaupte ich, jede menschliche Motivation – das Streben nach der Mitte. Nur, dass Sie dabei hauptsächlich ein bestimmtes Blütenblatt im Fokus haben: die Schöpferkraft.

Hat man ein Blütenblatt im Fokus, so vernachlässigt man andere Bereiche. In diesem Falle vor allem die gegenüberliegende Essenz: die Stille. Die Gefahr besteht also, dass Sie sich zu wenige Ruhepausen gönnen und mit der Zeit aus dem schönen Zustand der schöpferischen Kraft in Gefühle wie Druck,

Nicht vergessen: Sie sind ein Individuum

Die Positionen der Gefühle und Krankheiten auf der Landkarte sind nur Orientierungshilfen – jedes Gefühl hat bei Ihnen selbst jedoch eine ganz eigene, individuelle Position, die Sie selbst herausfinden können.

Stress und Erschöpfung kippen. Wenn dem so ist, dann hilft Ihnen tatsächlich nur die Stille, um wieder zur schöpferischen Kraft zu kommen. Stille können Sie praktisch erreichen durch Dinge wie Ruhe, Meditation, Rückzug.

Burnout

Landläufig herrscht die Meinung, Burnout käme von zu viel Arbeit. Das ist nicht ganz richtig. Zwar haben Burnout-Patienten bis zu ihrem Zusammenbruch meist sehr viel gearbeitet. Das ist aber nicht der eigentliche Grund für die Krise. Vielmehr hat sich in der Regel ein Ungleichgewicht dadurch ergeben, dass diese Menschen im Grunde danach streben, es Ihrer Umgebung möglichst recht zu machen, und sich dadurch regelrecht aufopfern. Sie streben nach Leistung, aber nicht, um etwas zu erschaffen, sondern um Frieden und Harmonie herzustellen. Sie glauben, Harmonie durch Leistung herstellen zu müssen, oder sogar, sie seien nur liebenswert, wenn sie Leistung erbringen. Kommen Ihnen diese Glaubenssätze bekannt vor? Dann fehlen Ihnen die Bereiche Stille und Freude und vor allem Glück. Das heißt, dass Sie lernen sollten, sich an dem zu freuen, was da ist. Vor allem könnten Sie lernen, sich daran zu freuen, wie Sie selbst sind, und Ihre glücklichen Momente genießen – ohne zu glauben, Sie müssten sich erst ändern, um glücklich zu sein, müssten sich Ihr Glück erst verdienen.

Ängste und Süchte

»Angst« und »Sucht« finden Sie nicht an einer bestimmten Kreisposition, sondern eher auf einer Ringstrecke. Denn Ängste und Süchte können unterschiedlich sein, vor allem darin, welchen Essenzen sie zugeordnet werden.

Angst

Wenn Sie ein Thema mit Angst haben, wäre es wichtig, immer wieder zu spüren, wovor Sie Angst haben. Angst vor dem Versagen? Vor dem Verlassenwerden? Vor Veränderung? Vor zu wenig Veränderung? Da Ängste oft als Stellvertreter oder verkleidete Gefühle auftauchen, gilt es, sehr individuell herauszufinden, welches Essenzelement vernachlässigt wurde.

> *»Die Furcht hat ihren besonderen Sinn.«*
> Lessing

Sucht

Da Süchte meist noch unbewusster stattfinden als Ängste, ist es oft noch schwieriger, herauszufinden, wonach man sucht. Meist zielt die Sucht auf etwas ab, was man sich bewusst selbst am allerwenigsten eingesteht. Und so könnte es hilfreich sein, etwa zu fragen: »Brauche ich die Zigarette, weil ich mir anders nicht fünf Minuten Pause (Stille) gönnen kann?« »Dröhne ich mich mit Schlaftabletten zu, weil ich anders einfach keine Ruhe (Stille) finde?« »Brauche ich Partydrogen, um mich endlich glücklich zu fühlen?«

Interessant ist: Wenn die Wirkung des Suchtmittels nachlässt, findet man sich erst recht auf der anderen Seite des Kanals – und des Zifferblatts – wieder: Dann schämt sich der Sexsüchtige, der Zugedröhnte ist erschöpft, am Tag nach der Party hämmern die Selbstzweifel, der Problemvergesser wacht mit der alten Wut im Bauch auf – und nichts ist gewonnen.

Schiffchen über den Kanal – zur Mitte

Wie gelangen wir nun aber wieder zurück über den Kanal – in die eigene Mitte? Ganz sicher, indem Sie regelmäßig mit dem Gästeritual üben. Es gibt aber auch noch eine Menge andere Möglichkeiten, die hier einfach »Schiffchen« genannt werden. Ich stelle Ihnen die aus meiner Sicht wirkungsvollsten vor.

Still-Sein

Ein äußerst wichtiges und wirksames Mittel, um zur eigenen Mitte zu gelangen, ist die Stille im Sinne des Still-und-ruhig-Seins. Ob kleine Stille-Oasen im Alltag, in die man sich nur kurz zurückzieht, oder gleich ein mehrtägiges Schweige-Retreat – Still-Sein ist immer ein Weg zur Mitte. Uns tendenziell leistungsorientierten Menschen der westlichen Kulturen fällt es schwer, zu glauben, dass Nichtstun uns etwas bringen oder uns irgendwohin bringen kann. Da hilft nur eins: ausprobieren. Wem es schwerfällt, still dazusitzen, der möge mit fünf Minuten pro Tag anfangen. Meist stellt sich bereits nach wenigen Tagen ein erster Vorgeschmack darauf ein, welche kostbaren Geschenke es im Zustand der Stille zu erfahren gibt.

Wenn Sie schon nach wenigen Minuten starke Unruhe, heftigen Widerstand oder sonst starke Gefühle verspüren, dann behandeln Sie diese als Gäste und führen Sie das Ritual durch. Kehren Sie zur Stille zurück, wenn die Wogen etwas ruhiger geworden sind.

Eine weitere Hilfe, um ins Still-Sein zu gelangen, finden Sie auf der CD in der geführten Stille-Meditation (Track 5).

> »Die größte Offenbarung ist die Stille.«
>
> Laotse

Natur erleben

Der Sonnenuntergang am Meer, der Spaziergang im Wald, der Blick vom Gipfel über die Berglandschaft – viele von uns kennen die beruhigende und zentrierende, ja zuweilen sogar transzendierende Wirkung von Naturerlebnissen. Tatsächlich bringt uns der Aufenthalt in der Natur näher zu unserer Mitte, zu unserem eigentlichen Sein.

Dass man in solchen Situationen vollständig innen ankommt, ist eher selten, da die Sinne meistens letztlich auf das Außen gerichtet bleiben. Als Anschub in die richtige Richtung oder als Teil der Wegstrecke nach innen eignet sich der Ausflug in die Natur aber allemal.

Die Wirkung wird umso größer sein, je stiller Sie selbst dabei sein können: Nichtstun oder gleichmäßige Bewegung wie Wandern oder Laufen sind perfekt. Lassen Sie dabei Ihre Wahrnehmung weg von Ihren Alltagsgedanken hin zur Schönheit der Landschaft gleiten.

Musik

Musik kann uns in Zustände von Freude, Glück und Eins-Sein bringen. Nicht umsonst werden viele Meditationen seit jeher mit Musik unterlegt. Sie kann uns mit enormer Schubkraft bis in die Mitte unseres Seins befördern.

Aber nicht nur spezielle Meditationsmusik kann eine zentrierende Wirkung haben, sondern eigentlich fast jede Art von Musik. Viele Musikrichtungen, an denen sich die Geschmäcker scheiden, transportieren zumindest Lebensfreude für denjenigen, dem sie gefällt.

Darüber hinaus hilft uns Musik dadurch, dass sie selbst nicht körperlich, nicht materiell ist, dabei, in Kontakt mit unserem nicht-materiellen Sein zu gelangen.

Achten Sie selbst darauf, welche Musik Sie nach innen führt. Das ist meist nicht die Musik, die Sie vielleicht hören, weil sie so »cool« oder »in« ist oder die ein unterdrücktes Bedürfnis nach Protest und Provokation spiegelt, und es ist auch nicht unbedingt die Musik, die in den Feuilletons als innovativ gelobt wird. All dies hält uns im Außen fest. Die Musik, die Sie nach innen führt, ist die Musik, die Sie im Herzen berührt. Welche das ist, wissen Sie selbst am besten.

Dank

Eines der kraftvollsten Schiffchen überhaupt ist es Danke zu sagen. Wie bitte? So etwas Alltägliches und Simples soll eine meditative und sogar heilsame Wirkung haben? Ja, so ist es. Wie schon bei der Wirkung der Danke-Phase des Gästerituals erläutert wurde, öffnet es uns innerlich, wenn wir Danke sagen. Das Unterbewusstsein erhält die Botschaft, dass etwas Positives, etwas Wertvolles vorhanden ist, für das es lohnt, dankbar zu sein. Das weckt positive Kräfte in uns, vor allem die wunderbare Fähigkeit, Dinge und Situationen so anzunehmen, wie sie sind.

Mit schönen Dingen den Dank üben

Üben Sie sich im Danken, indem Sie im Alltag öfter innehalten und überlegen, wofür Sie dankbar sind. Das können einfache Dinge sein wie das schöne Wetter oder die Erfindung der Waschmaschine. Aber es können auch großartige Dinge sein wie die Genesung von einer Krankheit oder das Glück, Familie zu haben.
Danken Sie möglichst bewusst: Spüren Sie, welche Wirkung der Akt des Dankens in Ihnen hinterlässt – in Ihrem Körper, Ihren Gefühlen, Ihren Gedanken, Ihrer Stimmung. Danken Sie auch anderen Menschen bewusst, ob für großartige Dinge oder auch für kleine, scheinbar selbstverständliche Dinge.

* Setzen Sie sich bequem an einen ungestörten Ort und atmen Sie ein paar Mal tief ein und aus.

* Erinnern Sie sich an irgendetwas, für das Sie dankbar sein können. Große Dinge oder kleine Dinge, das spielt keine Rolle.

* Danken Sie nun bewusst innerlich oder laut für das, wofür Sie jetzt, in diesem Moment, dankbar sein möchten.

* Spüren Sie, wie dieser Gedanke von innen, von Ihrer Mitte oder Ihrem Herzen aus in Ihnen aufsteigt. Fühlen Sie ihn, wie Sie sonst Ihre Gefühle, Ihre Gäste wahrnehmen.

* Lassen Sie zu, dass sich der Dank in Ihnen ausbreitet, so wie Sie es aus dem Ritual von Ihren Gefühlen gewohnt sind. Wenn Sie möchten, heißen Sie auch den Dank herzlich willkommen.

* Spüren Sie, wie der Dank sich über Ihren ganzen Körper und noch weiter ausbreitet. Nehmen Sie die besondere Energie des Dankes wahr.

* Genießen Sie diesen Zustand, so lange Sie möchten.

»Das ›Danke‹ fühlte sich an wie eine Riesenportion warmer Vanillepudding – es machte so satt«, schwärmte beispielsweise einmal eine Kursteilnehmerin. Wer es gewohnt ist, zu danken (und das sind Sie jetzt durch die Übung mit dem Ritual), dem wird es immer leichter fallen, auch für unerwünschte Situationen zu danken. Er wird nach und nach die heilende Wirkung von Demut erfahren (siehe Seite 104). Wir können für so vieles dankbar sein – den Fokus darauf zu richten, kann das ganze Leben verändern, denn wir werden immer mehr Gutes entdecken, und die Lebensfreude wächst.

Verbindung mit dem reinen Bewusstsein

Wenn Sie eine Vorstellung davon haben, dass es hinter der Welt der Materie, der Gefühle und der Gedanken so etwas wie einen Ursprung, ein reines Bewusstsein gibt, dann können Sie auch dieses reine Bewusstsein direkt einladen. Das ist das mächtigste Schiff über den Kanal. Sie können Ihren Begriff, Ihre Vorstellung, direkt in Ihren Gästeraum hineinbitten. Sie wissen dabei, dass es sich beim reinen Bewusstsein eigentlich nicht um einen Gast handelt, sondern um etwas, das immer und überall da ist. Das hindert Sie nicht, es zu begrüßen, herzlich willkommen zu heißen und ihm zu danken. Letztlich ist das nichts anderes als ein Gebet.

Je achtsamer Sie diese Übung durchführen, desto größer ist die Kraft, die sie Ihnen geben wird.

Das Ritual mit dem reinen Bewusstsein

* Kommen Sie zur Ruhe.
* Wählen Sie ein Wort für das, was Sie gern einladen möchten, ein Wort, das für Sie persönlich stimmig ist: »reines Bewusstsein«, »Gott«, »Schöpfer«, »Allah«.
* Finden Sie eine stimmige Begrüßungsformel.
* Finden Sie eine für Sie persönlich stimmige Einladungsformel. Das kann wie immer »Herzlich willkommen« sein oder auch ein schlichtes »Komm zu mir« oder »Sei mein Gast«.
* Nehmen Sie sich nun viel Zeit, um wahrzunehmen, was geschieht. Lassen Sie die Ausbreitung dessen, was da ist, zu. Lassen Sie Gedanken, Gefühle, Bilder zu.
* Sprechen Sie dann Ihren Dank aus und kehren Sie behutsam wieder in den Alltag zurück.

Zum Nachschlagen

Bücher aus dem Gräfe und Unzer Verlag

Engelbrecht, Sigrid: Lass los, was dich klein macht

Dieselbe: Lass los, was deinem Glück im Weg steht

Mannschatz, Marie: Mit Buddha zu innerer Balance (mit CD)

Rother, Robert; Rother, Gabriele: EFT Klopf-Akupressur

Bücher aus anderen Verlagen

Kornfield, Jack: Meditation für Anfänger. Goldmann Arkana

Ott, Ulrich: Meditation für Skeptiker. O. W. Barth

Rosenberg, Marshall B.: Gewaltfreie Kommunikation – eine Sprache des Lebens. Junferman

Tolle, Eckhart: Jetzt! Die Kraft der Gegenwart. J. Kamphausen

Trobe, Thomas (Krishnananda): Liebeskummer lohnt sich doch. Koregaon

Link

www.gefuehlsmonster.eu Hilfreiche Seite zum Umgang mit Gefühlen, wertvollen Infos und einem Shop, in dem unter anderem ein Gefühlsmonster-Kartenset erhältlich ist, mit dessen Hilfe sich gut mit Gefühlen arbeiten lässt.

Wichtiger Hinweis

Dank der Autorin

Ich danke meiner Familie und den Teilnehmern meiner Gruppen und Seminare für ihre Unterstützung und Inspiration. Nikola Hirmer danke ich vor allem für ihr Engagement, mit dem sie mich als Newcomerin im Buchbereich unterstützte. Anna Cavelius und Diane Zilliges für ihre ebenso herzliche wie kompetente Art der Zusammenarbeit.

Übungsregister

Lucia Scholz ist Juristin, Mediatorin, Meditationslehrerin und Coach.
Sie beschäftigt sich seit Jahren mit der Rolle von Emotionen in zwischenmenschlichen Konflikten. Ihr persönlicher Entwicklungsprozess brachte sie zur Spiritualität, sie absolvierte eine mehrjährige Ausbildung in Energiearbeit (OLHT). Seit mehreren Jahren leitet sie Meditationsgruppen und gibt Seminare sowie Einzel-Coachings mit dem Schwerpunkt »Gefühlsverarbeitung«.

Infos unter:
www.gefuehle-sind-wie-gaeste.de
info@gefuehle-sind-wie-gaeste.de